ESPEJOS SAGRADOS

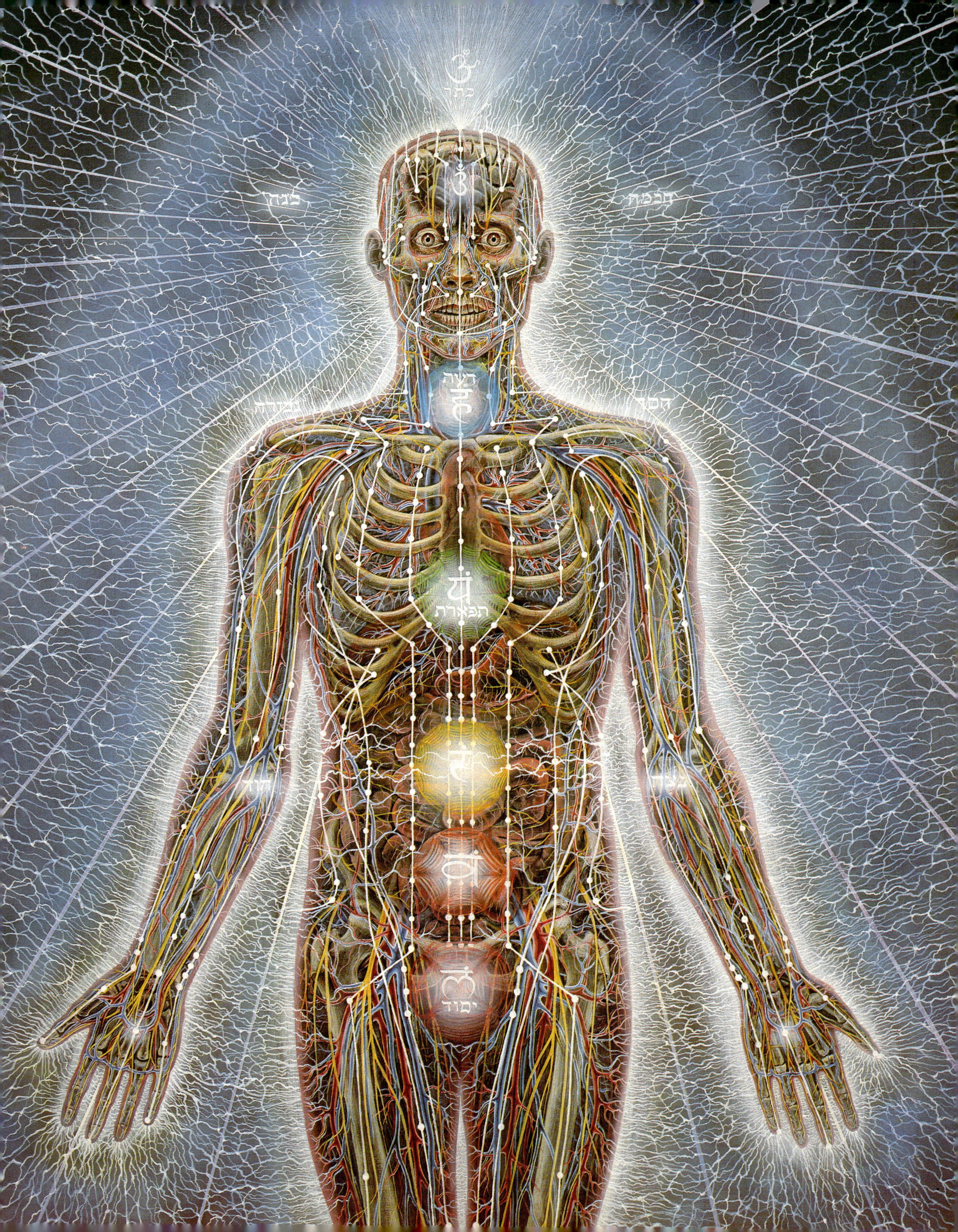
ॐ
כתר
בינה
חכמה
דעת
חסד
תפארת
יסוד

Espejos Sagrados

El Arte Visionario de Alex Grey

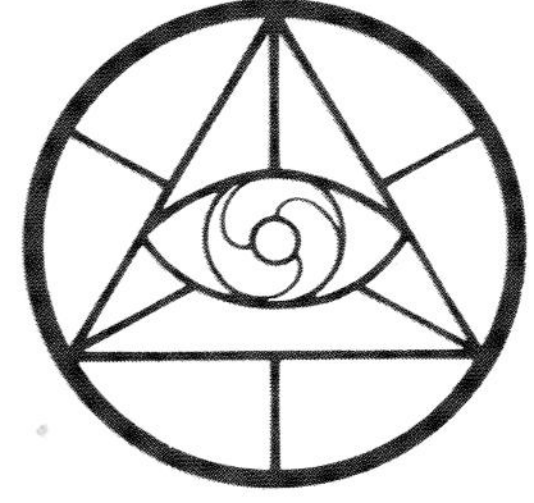

con ensayos por

Ken Wilber • Carlo McCormick • Alex Grey

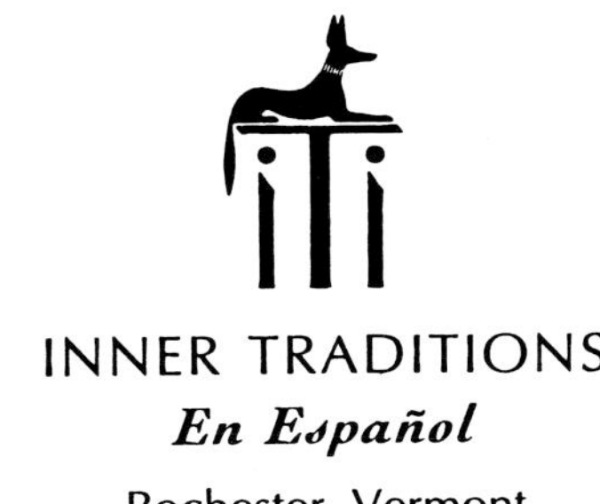

INNER TRADITIONS
En Español
Rochester, Vermont

Mexico City • Buenos Aires • Barcelona

Inner Traditions En Español
One Park Street
Rochester, Vermont 05767

Traducción al español por : Eulalia María Moreno Jimémez
de la edición en inglés de Inner Traditions International, Ltd., Rochester, Vermont, U.S.A.

ISBN 978-0-89281-462-6 (Inner Traditions International, Ltd.)

Diseño por: Alex Grey, Susan Davidson, y Frank Olinsky.

Agradecimientos y credito para los sigientes fotografos:
David Carbone: *Cruz Viviente;* James Dee: *Sophia; Embarazo; Amamantando; Gaia; Viaje del Sanador Herido; Morir;* Alex Grey: *Rezando; Besando; Deidades y Demonios; Rueda de Oración;* Will Howcraft: *Nueva Familia; Copulando;* Kedl Photography: *Sistema de Energia Psiquica; Sistema de Energia Espiritual; Entramado di la Mente Universal; Vacio/Luz Clara; Avalokitesvara; Cristo; Mundo Espiritual; Cuadro de Espejos Sagrados;* Adrian Paul: *Mundo Material; Sistema del Esqueleto; Sistema Nervioso; Sistema Cardiovascular; Sistema Linfatico; Visceras; Sistema Muscular; Mujer Caucasica; Hombre Caucasico; Mujer Africana; Hombre Africano; Mujer Asiatica; Hombre Asiatico; Fuego Sagrado; Teologo;* John Roth: *Espejos Sagrados* (detalle); Dan Soper: *Cuerpo, Mente, Espíritu.*

Ilustración en pagina 2: *El Sistema de Energía Psiquica* (detalle), 1980, acrilico sobre tela.

Impreso en India

10 9 8 7 6 5

CONTENIDO

AGRADECIMIENTOS

Agradezco a la Fundación Marshall Frankel y a Liz y Becky Frankel por su generoso apoyo al proyecto del libro *Espejos Sagrados*. Marshall Frankel, hombre de negocios de Chicago y conocido coleccionista de arte, durante toda su vida expresó un gran interés por *Espejos Sagrados* y fue un placer haber sido su amigo. Aprecio mucho la amabilidad demostrada por sus hijas.

Gracias al editor Ehud Sperling y al grupo de Inner Traditions por creer en el proyecto del libro *Espejos Sagrados* y llevarlo a cabo. Leslie Colket y Wendy Tilghman han compuesto el texto con gran destreza e ingenio. Susan Davidson y Frank Olinsky proporcionaron un valioso trabajo de diseño. Gracias también a la directora de arte, Estella Arias, por sus consejos para la cubierta y su visto bueno para la impresión.

Mi amigo Ken Wilber es merecedor de mi gran aprecio por dar su perspectiva intuitiva sobre lo espiritual del arte y entregar desinteresadamente su ensayo bajo la secuela de su dolor personal tras la muerte de su amada y extraordinaria esposa, Treya.

Un agradecimiento especial para Carlo McCormick, quien siempre está abarrotado por solicitudes de prólogos, presentaciones y todo tipo de escritos. Esta vez se tomó la difícil tarea de investigar en profundidad todo mi trabajo anterior y con su ensayo me ha dado la inmensa satisfacción de hacerme sentir comprendido.

Gracias a mi difunta abuela, Carrie Stewart, quien creyó en mi trabajo, y con su devoción me hizo capaz de iniciar el proyecto del libro *Espejos Sagrados*. Gracias también a mis padres y a la familia de Allyson por su constante estímulo moral y sentimental y por apoyar nuestra experiencia como padres. Gracias a nuestra hija, Zena, por su sonrisa pura y su alegría inspiradora; ella nos ha gratificado con mucho más de lo que jamás hubiéramos podido darle.

No hay nadie a quien quiera agradecer más que a mi mejor y más intrépida amiga, mi esposa Allyson, que me ha servido de inspiración y ayuda a través de todo el proyecto de *Espejos Sagrados*. Juntos esculpimos y moldeamos su estructura, una labor de amor que resultó ser una tarea muy ardua. Ella ha transcripto mis escritos y me ha aconsejado en casi todos los aspectos de mi trabajo. La considero una gran artista y me siento privilegiado al colaborar con ella. Este libro está dedicado a Allyson.

PREFACIO

El 3 de junio de 1976 ambos compartimos simultáneamente la misma visión psicodélica: una experiencia del "Entramado de la Mente Universal". Nuestra conciencia compartida, ya no identificada o limitada a nuestro cuerpo físico, se movía a gran velocidad a través de un universo interior de fantásticas cadenas de imágenes, multiplicadas infinitamente en espejos paralelos. En un superorgásmico punto de aceleración y éxtasis nos convertimos en las fuentes y las ramificaciones individuales de la Luz, entrelazados en una red omnidireccional infinita compuesta por la circulación de la energía iridiscente del amor. Nosotros éramos la Luz y la Luz era Dios.

Parecía como si el mundo material "real" fuera un velo ilusorio, ahora descubierto, y el andamiaje energético de la causalidad y la creación —la Realidad Definitiva, eterna e infinita— estuviera desnuda delante y a través de nosotros. Todas las polaridades estaban incorporadas y trascendían sin conflicto: lo pasado y lo futuro, lo microscópico y lo cósmico, lo masculino y lo femenino, uno mismo y los demás. Aún no existía la supresión de la conciencia. En cambio, ambos sentimos ese estado como si fuera nuestra esencia purificada. "Yo" era en punto concreto del vasto entramado, consciente de "mi" relación única con todos los demás puntos. Un Vacío infinito parecía proveer la base desde donde emergía este entramado de luz. Los dos nos dimos cuenta de nuestras conexiones vitales con todos los seres y las cosas del Universo, con Dios. Sentimos que la muerte no era temible porque la Luz era nuestro núcleo espiritual y al final volveríamos al profundo éxtasis trascendental del reino del entramado.

Aunque sentíamos que compartíamos el mismo reino transpersonal al mismo tiempo, no pudimos confirmarlo hasta que ambos retornamos de la experiencia. Se trataba de uno de los sucesos más desconcertantes y extraordinarios de nuestras vidas. Después, cada quien describió al otro el entramado e hizo dibujos para representar el mismo espacio. El universo visible e invisible se convirtió en nuestra familia. Ya no estábamos separados sino que formábamos parte de una misteriosa membrana de energía que conectaba cuerpo, mente y espíritu. Estábamos tan convencidos de que el espacio era real que sentíamos que el resto de las personas también debían experimentarlo. Alex encontró numerosa información sobre ello en visiones psicodélicas, experiencias cercanas a la muerte, imágenes clarividentes del Mundo de los Cielos y descripciones de la literatura mística tradicional.

El psicólogo Abraham Maslow ha establecido que en los seres humanos hay una necesidad biológica de trascendencia y que la experiencia trascendental tiene una fuerza curativa. Después de nuestra experiencia del Entramado de la Mente Universal, decidimos que la visión de la interconexión sagrada era el tema artístico más importante. Este libro es el resultado de esa decisión.

Durante años Alex ha presentado y exhibido su trabajo ante una gran audiencia; invariablemente la gente le ha dicho que ciertas pinturas les recordaban algunas experiencias trascendentales que habían tenido. Al igual que aquellos que han enviado cartas a Alex pidiéndole copias de sus pinturas, dichas personas son "nuestra gente". Tenemos un vínculo espiritual con ellos. Este libro es para ellos y para aquellos que descubrieron que sus vidas son una senda de transformación, que reconocen la estructura espiritual conjunta y entrelazada al velo del mundo material.

Allyson y Alex Grey

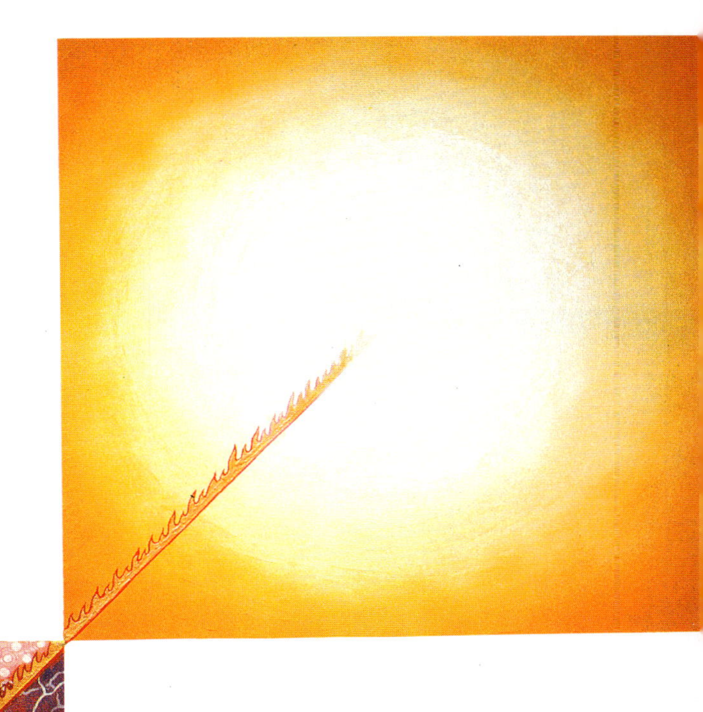

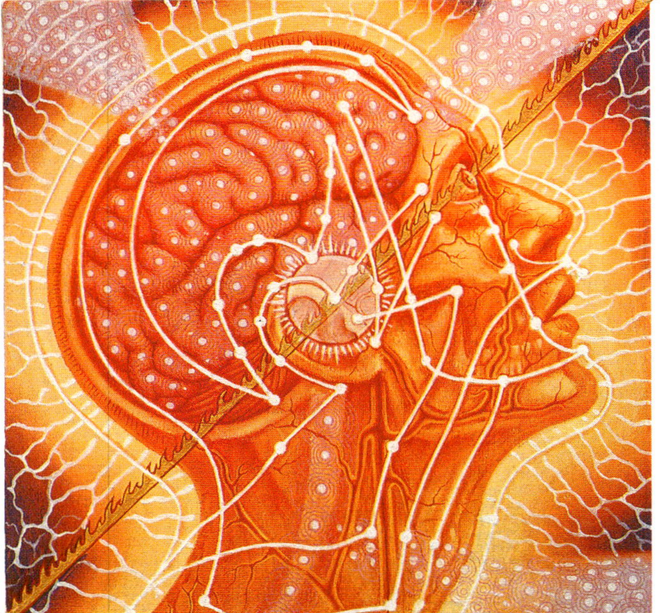

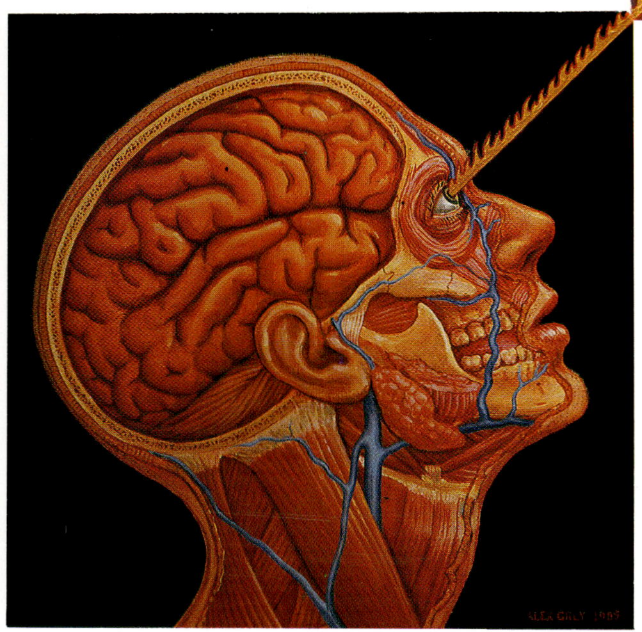

En el Ojo del Artista:

Arte y filosofía eterna

Ken Wilber

De acuerdo a la filosofía eterna —el núcleo místico común a las más grandes tradiciones espirituales del mundo— los hombres y las mujeres poseen al menos tres diferentes maneras de conocimiento: el ojo de la carne, que explora el mundo material, concreto y sensual; el ojo de la mente, que explora el mundo simbólico, conceptual y lingüístico; y el ojo de la contemplación, que explora el mundo espiritual, trascendental y transpersonal. No son tres mundos diferentes sino tres aspectos de un único mundo revelado mediante diferentes modos de conocimiento y percepción.

Estos tres modos de conocimiento —estos tres "ojos"— no les son dados a la persona al mismo tiempo. En lugar de ello, se desdoblan en una secuencia que va desde lo más inferior a lo superior. En los dos primeros años de vida la inteligencia psicomotora del bebé —el ojo de la carne— se desarrolla y evoluciona para descubrir un mundo material de "permanencia del objeto", de superficies sólidas, colores y cosas, así como de sensaciones sensomotrices del cuerpo y de impulsos emergentes. En la siguiente década, o dos, el ojo de la mente se desarrollará cada vez más descubriendo, como consecuencia, el mundo de las ideas, los símbolos, los conceptos, las imágenes, los valores, las intenciones y los significados. Si el desarrollo va más allá de la mente mediante disciplinas de meditación o, en ciertos casos, experiencias místicas inducidas psicodélicamente, entonces el ojo de la contemplación se abre y revela el mundo del alma y el espíritu, de energías sutiles e intuiciones, de la intuición radical y la iluminación trascendental.

El ojo de la carne tiende a explorar un mundo prepersonal, preverbal, preconceptual, un mundo de cosas y cuerpos. El ojo de la mente tiende a explorar un mundo personal, verbal y conceptual, un mundo de ego y mente. Y el ojo de la contemplación tiende a explorar un mundo transpersonal, transverbal y transegóico, un mundo del alma iluminada y el espíritu. El primer reino hecho visible a los ojos de la percepción está compuesto de *sensibilia*, o fenómenos que pueden ser percibidos por el cuerpo. El segundo reino está compuesto de *inteligibilia*, u objetos percibidos por la mente. El tercer reino consiste de *transcendelia*, u objetos percibidos por el alma y el espíritu. En diversas tradiciones contemplativas, al conjunto de estos tres reinos —desde la cosa/cuerpo hasta el ego/mente y el alma/espíritu— se lo conoce como *La gran cadena del ser*.[1]

Cuando se llega a una teoría crítica de arte basada en la filosofía eterna, la cuestión inmediata es: ¿Qué ojo, u ojos, en particular está usando el artista? Por supuesto, el medio del artista es habitualmente la sensibilia, o varias sustancias materiales (pintura, arcilla, cemento, metal, madera, etc.). La cuestión crítica, sin embargo, es: Usando la sensibilia, ¿está el artista tratando de representar, dibujar o evocar el reino de la sensibilia en sí, el reino de la inteligibilia o el de la transcendelia? En otras palabras, al cuestionamiento de "¿Cuán competente es el artista al representar o evocar un fenómeno particular" añadimos la pregunta

Cuerpo, Mente, Espíritu, 1985
óleo sobre tela, cada panel mide 30x30 cms

ontológica crucial: "¿Dónde está, dentro de *La gran cadena del ser*, el fenómeno que el artista trata de dibujar, evocar o expresar?"

Tenemos, entonces, dos importantes aspectos, pero diferentes, de la evaluación crítica de cualquier trabajo de arte: 1) ¿Qué tan bien funciona dentro de su propio nivel? 2) ¿Qué altura alcanza ese nivel?

El gran logro del arte europeo en los últimos mil años fue plasmar convincentemente el reino de la sensibilia. No hace mucho más de 500 años que la perspectiva llegó a ser ampliamente conocida y utilizada en pintura, incorporando un descubrimiento y una comprensión de la geometría actual del mundo material-sensible (como, por ejemplo, en el arte renacentista). La pintura se tornó cada vez más *realista*, o empírica, unida al mundo sensorial concreto, el ojo de la carne y su perspectiva corporal. Incluso el arte religioso tendía a ser concreto y literal. Las alegorías al Nacimiento Virginal, la Ascensión del Señor, la separación del Mar Rojo, todas fueron retratadas como hechos reales concretos, no de una manera simbólica o conceptual. En otras palabras, aun el arte más profundamente "religioso" estaba ligado al reino de la sensibilia concreta.

Todo empezaría a cambiar con el arribo del arte moderno. Si el primer gran logro del arte europeo fue perfeccionar el plasmado de la sensibilia, el segundo fue elevarse sobre ello y comenzar a describir varios aspectos del reino de la inteligibilia, del arte simbólico abstracto, conceptual y fenomenológico y sus reglas. El medio sería todavía la sensibilia, pero el objeto descrito ya no sería regido por las reglas o las perspectivas de la materia; en adelante no tendría que seguir los contornos de lo material sino de lo mental. Ya no Naturaleza sino Psique. No más realismo sino abstracción. No cosas sino pensamientos. No euclidiano sino surrealista. No representativo sino impresionista o expresionista. No literal y concreto sino figurativo y simbólico.

Empezando con Paul Cezanne, a quien Matisse llamaba "el maestro de todos nosotros", vemos derribado el perspectivismo fijo del mundo material-sensible y suplantado por una participación emocional-psicológica (inteligibilia), no una mera representación (sensibilia). Con Kandinsky, dudosamente el padre del arte abstracto, vemos la emergencia total, si no la perfección, de la inteligibilia sobre la sensibilia; de la potencia condensada de lo abstracto sobre la mera imitación de las formas de la naturaleza. Como Kandinsky determinó: "Tiene que ser posible escuchar al mundo entero tal como es, sin ninguna interpretación representativa".[2] Esto significa ver no con el ojo de la carne sino con el ojo de la mente.

El cubismo se inició como un tipo de geometría de las formas naturales, pero se convirtió rápidamente en un vehículo para el impresionismo esencial, un acto de atención no sólo hacia los objetos exteriores sino también hacia las formas y patrones mentales interiores. Como lo expresó un crítico: "Éste es el arte de pintar nuevas estructuras fuera de los elementos adoptados no desde la realidad de la vista sino de la realidad de la idea".[3]

Tal vez nadie mejor que Piet Mondrian articuló la necesidad de ir de la mera Naturaleza a más allá de la Naturaleza: "Mientras lo natural se vuelve más y más 'automático', vemos el interés de la vida cada vez más sujeto a lo espiritual. La vida del hombre *verdaderamente moderno* no está dirigida hacia lo material por su propio interés ni hacia lo predominantemente emocional [cosa/cuerpo]; en cambio, toma la forma de la vida autónoma del ser humano [psique] haciéndose consciente... La vida se está volviendo más y más *abstracta*. El verdadero artista moderno percibe *conscientemente* la abstracción de la emoción de la belleza... En la *realidad vital de lo abstracto*, el hombre nuevo ha trascendido los sentimientos de nostalgia... No hay escapatoria a lo trágico, en tanto que nuestra visión de la naturaleza es naturalista [ligada a la sensibilia]. Por eso es importante una visión más profunda".[4] Más profunda que la sensibilia es la inteligibilia, y aún más la transcendelia. Mondrian y Kandinsky fueron pioneros en ambas.

El objetivo era liberar la mente de los confines de la naturaleza y por lo tanto liberar el arte del realismo fotográfico, profundizando al mismo tiempo en lo más hondo de la psique y dando una expresión artística a esa extraordinaria búsqueda.

El arte de la mente —de plasmar las geometrías del pensamiento y los patrones de la psique—, el arte de la inteligibilia vestido de sensibilia, se encontró en una dirección interior y no solamente exterior. Fue un acto de atención al sujeto interior así como al objeto exterior y determina la interacción entre los dos. Es decir, los modelos de pensamiento relacionados con los de las cosas. Aunque esos patrones o esencias dependen en parte de una introspección con el ojo de la mente, no son meramente subjetivos o idiosincráticos sino que, por el contrario, hasta donde destacan verdaderamente en la obra de arte, reflejan los amplios modelos de la realidad misma. Como Brancusi casi gritaba: "Son unos imbéciles los que llaman abstracto a mi trabajo; lo que ellos llaman abstracto es lo más realista, porque lo que es real no es lo externo sino la idea, la esencia de las cosas".[5] Como dijeran Hegel y Schelling: "Lo ideal es real y lo real es ideal".

Explorando el reino de la inteligibilia los artistas modernos fueron capaces de regresar al reino de la sensibilia con nuevos conceptos y aproximaciones radicalmente novedosas. Los cubistas trajeron una comprensión de la forma completamente nueva, mientras que Seurat, Delaunay y Matisse aportaron una nueva revelación del color. Matisse, por ejemplo, liberó el color de la represión de la naturaleza. Como lo expresó enérgicamente: "Los maestros de Bellas Artes decían a sus alumnos: 'Copien la naturaleza estúpidamente'. A través de toda mi carrera he reaccionado contra esa actitud... El color existe por sí mismo, posee su propia belleza... Comprendí entonces que uno podía trabajar con colores expresivos que no son necesariamente colores descriptivos".[6] El color puede ser expresión de la inteligibilia, y no sólo una descripción de la sensibilia.

El punto, entonces, era permanecer arraigado firmemente en la sensibilia, no negar la naturaleza o reprimirla; alcanzar —a través o más allá de la sensibilia— a la inteligibilia, a la esencia de la mente, la idea y la intención, y vestirlas con lo "plástico" del reino de lo material o natural; y posteriormente, a través de la introspección e intuición de los modelos mentales y de la inteligibilia, regresar con frescura, con conceptos nuevos y radicales, a la forma, el color y la esencia de la sensibilia misma.

Ahora llegamos al tercer y más crucial movimiento evolutivo: la trascendencia del arte no sólo del cuerpo o la mente, sino más allá, del espíritu y de la correspondiente descripción en el arte no sólo de la sensibilia o la inteligibilia sino, también, de la transcendelia.

No es que lo espiritual no haya sido plasmado antes en el arte, pero su florecimiento en occidente siempre ha sido frágil. Los primitivos íconos cristianos, con sus formas simplificadas flotando en campos dorados de "luz", eran símbolos sagrados de la encarnación del Verbo. Cuando el cristianismo adoptó el estilo naturalista y figurativo del arte secular, reemplazó a los íconos simbólicos con una forma fundamentalista de realismo que se especializaba en la presentación literal de sucesos espirituales tales como la resurrección. En los "hechos" fundamentalistas no hay nada trascendental que desee proclamar el dudoso estatus de la sensibilia empírica.

Contrariamente a las tendencias imperantes en el arte europeo, durante los últimos 900 años ha habido una esporádica "tradición" occidental de pintura visionaria y mística. En el siglo XII se pueden encontrar evidencias tempranas de este arte simbólico y visionario en el trabajo de Hildegard de Bingen, una poderosa abadesa que elaboró un importante texto explicando los símbolos de las visiones que ilustró o iluminó. Estos trabajos, algo crudos pero bellos, son formas de transcendelia.

Miguel Angel, un neo-platónico, intentó expresar simbólicamente, a través de su arte, una idea espiritual vestida en forma material. Además dijo: "...no es suficiente ser un gran maestro de pintura y muy sabio, sino que creo que para el pintor es necesario ser muy moral en su estilo de vida o, si fuera posible, incluso un santo, para que el Espíritu Santo pueda inspirar su intelecto".[7]

Jerónimo Bosch (El Bosco) creó un mundo único de grandes visiones simbólicas e imaginativas del cielo y el infierno tratando de reforzar la fe de su público. William Blake, el visionario poeta y artista, escribió en *Matrimonio del cielo y el infierno*:

> Si las puertas de la perfección estuvieran limpiándolo todo
> aparecerían ante el hombre tal como son, infinitas.
> Para el hombre que se las ha cerrado a sí mismo, todavía ve las cosas
> a través de las estrechas grietas de su caverna.[8]

Para Blake pintar no tenía nada que ver con copiar la naturaleza, sino que era un arte de imaginación divina:

> ¿Se confinará la pintura a la sórdida faena de representaciones facsímil de las sustancias meramente mortales o perecederas y a no ser como son la música y la poesía, elevadas dentro de su propia esfera de invención y concepción visionaria? ¡No, no debe ser así! La pintura, como la poesía y la música, existe y procede de pensamientos inmortales.[9]

Delville, el pintor simbolista del siglo XIX, escribió que intentaba evocar: "...la gran vida universal... que rige y mueve el universo, los seres y las cosas, mortales o inmortales, al ritmo infinito de la Eternidad".[10] Y en el siglo XX los trabajos del pintor Pavel Tchelitchew se movieron a través de niveles visionarios y simbólicos de conciencia hacia abstracciones místicas reflejando los profundos niveles trascendentales del ser y la luz.

A través de la historia del arte europeo también hubo artistas que plasmaron imágenes de la sensibilia pero, como los paisajistas zen, alcanzaron un estado de absorción contemplativa que disolvía los límites entre el sujeto y el objeto y abría un canal a la transcendelia inmanente. Fra Angélico, el maestro pre-renacentista, era monje y pintor; sus trabajos estaban dirigidos a la contemplación de otros monjes y estaban impregnados de una intensa devoción que los elevaba por encima de la Gran Cadena del Ser. Rembrandt fue bueno por crear la ilusión del espacio en su pintura, pero fue *grande* precisamente porque también reveló una dimensión del alma humana: en todos sus retratos (y autorretratos en particular) pudo mostrar el carácter y una viva presencia espiritual; el espíritu en la carne, eso es lo que vemos, y no un montón de sensibilia material sino un alma asomando eternamente a través de la materia. Van Gogh permitió al ritmo del cosmos, la energía universal, resonar a través de sus trabajos; sus paisajes estaban saturados de espiritualidad. En el siglo XX, Ivan Albright ha comunicado en su pintura mágica hiperrealista una sensación de la dimensión infinita e imponente de la divinidad inmanente. Estos artistas tuvieron el poder de concentración, la imaginación o el ensueño místico que les permitió vislumbrar la divinidad para poder crear imágenes visionarias o representativas que evocaban un mundo más allá de la sensibilia y la inteligibilia. Muchos de los pioneros de la abstracción moderna, como Kandinsky, Mondrian, Malevich, Klee y Brancusi intuyeron que una nueva espiritualidad en el arte podría ser el Espíritu aproximado directa e inmediatamente, no a las formas míticas de la mente religiosa o mediante imágenes representativas, sino a través de la intuición directa y la realización contemplativa. Sentían que, de hecho, habían sido empujados más allá de la mente individual y el cuerpo; y descubrieron, a través de su arte, una genuina y poderosa aproximación al Espíritu mismo. Estaban revelando y retratando no sólo la sensibilia o la inteligibilia, sino también la transcendelia.

Arte no eran sólo las habilidades técnicas de observación, ejecución o creatividad, sino un método de crecimiento espiritual y desarrollo por parte del artista. El verdadero arte, de acuerdo con Kandinsky, debe involucrar el cultivo del alma y del espíritu: "El artista debe entrenar no sólo su ojo sino también su alma para que pueda considerar los colores en su propia escala y por lo tanto éstos lleguen a ser determinantes en la creación artística".[11]

Si los artistas tienen que ser "servidores del Espíritu" —decía—, entonces deben desarrollar sus propias almas hasta un punto en el cual sean capaces de intuir la dimensión espiritual. En orden a ver (dejando de lado las convenciones artísticas) el Espíritu, se debe abrir primero el ojo de la contemplación y esta apertura —"la revelación del Espíritu iluminado como por el resplandor de un relámpago" de Kandinsky—[12] revelará dimensiones más nuevas, más altas y más amplias de la existencia.

En el crecimiento espiritual y el desarrollo del propio artista se representarían ante su vista tanto la experiencia más sutil como la mínima emoción o percepción y sería deber del artista evocarlas (transcendelia) para plasmarlas y enfrentarlas a quienes presencian con atención su trabajo terminado.

Dijimos que la sensibilia es el reino de lo prepersonal, la inteligibilia el de lo personal y la transcendelia el de lo transpersonal. Esto es, el cuerpo y la naturaleza son preverbales, preconceptuales y, por lo tanto, pre-egóicos y prepersonales. La mente es verbal, conceptual y simbólica y forma la base del ego y la individualidad. Pero el Espíritu, siendo universal, está más allá del cuerpo y la mente: es transverbal, trans-egóico, transindividual. Existe en un punto donde el alma toca la eternidad y trasciende completamente la prisión de su propio compromiso.

Cuanto más evoluciona, la conciencia crece más allá de los estrechos límites del ego personal y se acerca más a lo transpersonal y a la Divinidad universal. En consecuencia, no es accidental que Mondrian estableciera: "Todo arte es más o menos una expresión estética de lo universal. Este *más o menos* implica grados [de desarrollo de la evolución]... Una gran elevación de la subjetividad está teniendo lugar en el hombre; en otras palabras: *una conciencia creciente y en expansión*. La subjetividad deja de existir sólo cuando se hace una mutación como un salto desde la existencia individual hacia la existencia universal". Por lo tanto, concluye: "La nueva cultura será la de la madurez individual; una vez maduro, el individuo se abrirá a lo universal y tenderá más y más a unirse a ello";[13] una conclusión común de la mística de todo el mundo.

De acuerdo con maestros modernos tales como Malevich, Franz Marc, Paul Klee, Brancusi y otros, el verdadero y genuino arte, el más elevado, implica: Primero, el desarrollo o crecimiento de la propia alma del artista, directo hacia el punto de unión con el Espíritu universal y la trascendencia de uno mismo separado o el ego individual; y segundo, la exploración/expresión artística de esa dimensión espiritual, de forma tal que provoque conceptos espirituales similares en los observadores.

Aquí reside la difícil cuestión: ¿Han tenido éxito estos grandes maestros del arte moderno? ¿Han tenido éxito no sólo en liberar la inteligibilia de la sensibilia, sino también en liberar la transcendelia misma ofreciéndola como una "forma plástica"? ¿Han descubierto y retratado no sólo el cuerpo-naturaleza y la psique-mente, sino también el Espíritu?

Mi propia conclusión es que, en el mejor de los casos, acaba de comenzar un movimiento pionero. Creo que el compromiso claro y definido de estos maestros era liberar la inteligibilia de los confines de la sensibilia para que la mente no se hundiera en la materia. Un resplandor de relámpago, sí; un nuevo amanecer, no.

Pero el comienzo se ha dado y se ha diseñado una poderosa nueva dirección hacia el futuro arte espiritual. Ha empezado una búsqueda genuina para lo que Franz Marc denominó "símbolos que pertenecen a los altares de una futura religión espiritual".[14]

Si, como muchos modernistas piensan, el verdadero arte es la manifestación del Espíritu, y si el Espíritu se ve más claramente con el ojo de la contemplación, si la meditación es una de las maneras más seguras de abrir el ojo contemplativo, se sigue que el arte más puro y verdadero será el arte contemplativo, el arte nacido en el fuego de la epifanía espiritual y admirado por la conciencia meditativa.

Esta es, por supuesto, la idea que hay detrás de muchos de los grandes trabajos de arte asiáticos, desde los thangkas tibetanos hasta los paisajes zen y la iconografía hindú. Precisamente, lo mejor de estos trabajos proviene directamente de la mente meditativa. El artista/maestro entra en un *samadhi* meditativo, o en una unión contemplativa, y entonces, desde la unión del sujeto y el objeto, el "sujeto" "pinta" el "objeto", aunque los tres —pintor, pintura y objeto— constituyen ahora un acto indivisible ("El que no pueda llegar a ser un objeto no puede pintar ese objeto").[15] Precisamente porque la pintura se ejecuta en este estado no-dual de unión o trascendencia sujeto/objeto, es espiritual en el sentido más profundo. Esto nace de la dimensión del Espíritu no-dual y universal que trasciende (y por lo tanto une) al sujeto y el objeto, a uno mismo y los demás, a lo interior y lo exterior. Estos trabajos de arte sirven a un propósito principal: son soportes para la contemplación. El observador es invitado a entrar en el estado meditativo y espiritual que el trabajo de arte produce. Es decir, el observador puede experimentar la no-dualidad, la unión entre el sujeto y todos los objetos y el descubrimiento de la conciencia universal o trascendental, de una forma inmediata, sencilla y directa. Ésta es la razón pura de por qué uno ve el arte en primer lugar; *el arte creado en esta conciencia no-dual ofrece directamente acceso al Espíritu no-dual*.

El secreto de todo trabajo genuinamente espiritual es que se deriva de una conciencia no-dual o unida, no importa qué "objeto" esté representando. Una pintura no tiene que mostrar cruces ni budas para ser espiritual. Por eso es que, por ejemplo, los paisajes zen son tan profundamente sagrados en su textura, aunque sean "tan sólo paisajes". Se derivan de una conciencia no-dual o unitaria, que es el Espíritu mismo. A su altura de trascendencia, el Espíritu está también puramente inmanente y totalmente saturado, presente igual y totalmente en cada objeto, ya sea de materia, cuerpo, mente o alma. El trabajo de arte, no importa de qué objeto, se torna transparente a lo Divino y es una expresión directa del Espíritu.

El observador *se convierte* momentáneamente en arte y se libera de la alienación del ego. El gran arte espiritual disuelve el ego dentro de una conciencia no-dual y es hasta ese punto experimentado como una epifanía, una revelación, alivio o liberación de la tiranía del sentido de auto-separación. Si un trabajo puede introducir a uno en lo no-dual, entonces es espiritual o universal, no importa si muestra bichos o budas.

Una teoría de arte crítica basada en la filosofía eterna demandaría al menos dos escalas. En la escala horizontal se incluirían todos los elementos de un nivel dado que influyen en un trabajo de arte. Estos elementos incluyen todo, desde el talento del artista, los hechos de fondo socioeconómicos y los factores psicológicos, hasta las influencias culturales. La escala vertical, de acuerdo a la filosofía eterna, corta los ángulos de todos esos hechos terrenales y trata la dimensión ontológica del Ser mismo. Esta escala vertical podría tener varios componentes sumados dentro de una pregunta: ¿Cuán alto dentro de la Gran Cadena del Ser está situado el trabajo mismo?

Los grandes artistas de la era moderna mantuvieron viva la cuestión de lo sagrado y la búsqueda del Espíritu, mientras todo lo referente a su mundo cultural estaba sucumbiendo al materialismo científico. Por eso estamos en deuda eterna con ellos. El siguiente gran movimiento del arte occidental está esperando nacer; no lo hará del cuerpo, o la mente, sino del alma y el espíritu. Por lo tanto estamos esperando con mucha anticipación los grandes símbolos artísticos "que pertenecen a los altares de alguna futura religión espiritual".[16]

Por todo ello es que escribo este ensayo para mi amigo de hace mucho tiempo Alex Grey, que está intentando conjuntar en su arte los reinos de sensibilia, inteligibilia y transcendelia. Su serie *Espejos Sagrados* lleva al observador desde el terreno del plano físico del cuerpo —a través de los sutiles planos etérico-mentales-psíquicos del propio ser— hasta el trascendental y espiritual Vacío de Luz Clara que está en el corazón de todo ser. Siendo lo mejor del trabajo de Alex, esta serie ayuda a uno a ser transparente consigo mismo, facilitándole así la trascendencia.

Alex ha heredado el deseo de los maestros modernos de manifestar una esencia espiritual a través del arte. Sin embargo, sus propias raíces estilísticas e históricas emergen de una tradición metafísica más visionaria que se puede trazar desde Blake y Fludd hasta los simbolistas del siglo XIX, como Delville y Limt, y artistas de este siglo como Tchelitchew y Fuchs.

Estos artistas visionarios comparten similares intenciones espirituales con los primeros modernistas, pero pretenden fundir los aspectos inmanentes (representativos) de la divinidad con los aspectos trascendentales (abstractos/no-representativos). El trabajo de Alex es una rica amalgama que incluye referencias a las antiguas fuentes hindúes y tibetanas así como a la ilustración contemporánea médica y científica. La precisión detallada de su trabajo nace de la obsesión por experimentar y comunicar la naturaleza multidimensional de uno mismo y el potencial de transformacióon y evolución de la conciencia.

Este trabajo coloca a Alex dentro de un grupo muy pequeño de importantes artistas contemporáneos; el pintor, a través de su arte, aspira a llegar a todos los reinos —desde la materia hasta la mente y el espíritu—, siendo éste, en sí mismo, un ideal muy poco usual.

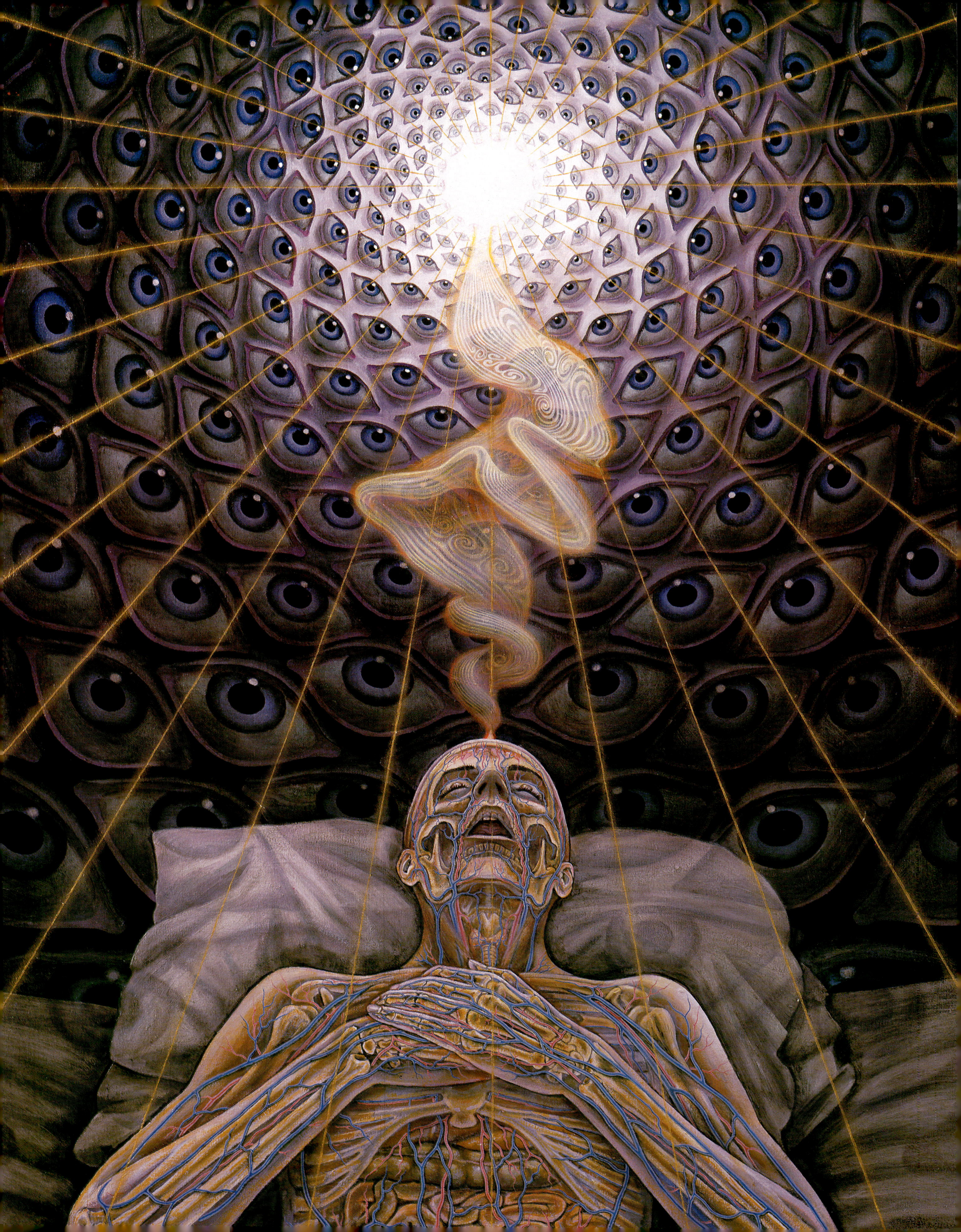

HACIA LA LUZ A TRAVES DE LA OSCURIDAD:

Trayectoria artística de Alex Grey

Carlo McCormick

Según nos acercamos a cierto sentido de finalidad dentro de nuestra imaginación cultural —aproximándonos al milenio— es fácil sentir la creencia nihilista general de que nonos queda más nada que decir. Estamos viviendo un momento en que la autenticidad, la originalidad, la individualidad y el significado se están cuestionando como valores estéticos y modalidades de expresión en las artes. En este ambiente cultural actual de auto-duda post-moderna, el trabajo de Alex Grey ofrece una afirmativa y poco frecuente visión del potencial trascendente del espíritu humano.

Creada durante un período de aproximadamente diez años que se inició en 1979, la serie *Espejos Sagrados* es la quintaesencia de la expresión artística de Alex Grey en cuanto a su visión cosmológica del cuerpo, la mente y el espíritu. Es la culminación y un salto de sus pensamientos, sentimientos, estrategias y actividades como artista. Desde 1973 Grey había estado haciendo arte de representación ritual. Al principio del proyecto de *Espejos Sagrados* Grey llegó a períodos de cierta ambigüedad emocional y a cuestionamientos intelectuales que le preocuparon en su vida y quehacer artístico desde su temprana adolescencia. Los *Espejos Sagrados* lo regresaron a una tradición de pintura que había rechazado deliberadamente en sus primeros trabajos. En los *Espejos Sagrados* podemos ver el surgimiento de un estilo y contenido, una anatomía espiritual energizada que ha predominado en casi toda su pintura desde entonces.

Espejos Sagrados es una especie de apoteosis personal del arte de Grey, una culminación de muchos años de investigación visual y metafísica. En esta obra hay una intensidad difícil de calificar, no sólo por la extensa labor y la superior artesanía evidente en ella, sino, más significativamente, por el pensamiento y el sentimiento que la envuelve. Por esta última distinción debemos mirarla como sobre un pedestal y profundizar más en la fase atrevidamente imaginativa que la originó. Por lo tanto, comentar su trabajo anterior y posterior a este singular grupo de imágenes nos proporcionará un poderoso espacio en el cual colgar estas pesadas pinturas que, por naturaleza, será más resistente y convincente que las estériles y perfectas paredes blancas de sus habituales presentaciones.

Todo lo anterior a *Espejos Sagrados* representa un viaje bizarro y necesario para el artista. Iniciándose con la más anti-tradicional de las formas —la representación artística— las exploraciones de Grey culminaron en la forma más tradicional: la pintura. La representación artística fue la herramienta y el símbolo de su búsqueda interior hacia las cuestiones materiales y espirituales esenciales: ¿Qué es la vida? y ¿Qué es la muerte? Sus investigaciones sacaron a flote temas extremadamente desagradables y tabúes de nuestro sistema de valores filosóficos, morales, éticos y estéticos. No obstante, hay vestigios que nos conducen a la creación de *Espejos Sagrados*. Para adaptarnos a los mórbidos elementos que tan obsesivamente aparecen en su trabajo, ofrecería la siguiente sugerencia: Alex

MORIR, 1990
Óleo sobre tela, mide 1.50 x 1.10 mts

Grey debe ser considerado como un chamán, un misterioso curandero de la corrupta alma colectiva y los oscuros tiempos en los cuales nuestra cultura hipertecnológica, alienada anatómica y espiritualmente, reside de modo habitual.

Su trabajo debe ser visto como un elaborado sufrimiento psíquico partido esquizofrénicamente entre el esfuerzo por exorcizar del cuerpo social sus enterradas y disimuladas regiones de malignidad a través de su propio dolor y degradación personal, y el esfuerzo por hundirse, como hacen los chamanes, en el sendero cíclico hacia el renacimiento y la renovación a través de incursiones profanas en el reino de la posesión demoniaca, el absurdo y, por último, en el abismo salvaje de la muerte. Así, comparando el trabajo de representación artística con la trayectoria del chamán, alcanzaremos una analogía apropiada mediante la cual se podrá comprender este trabajo.[1]

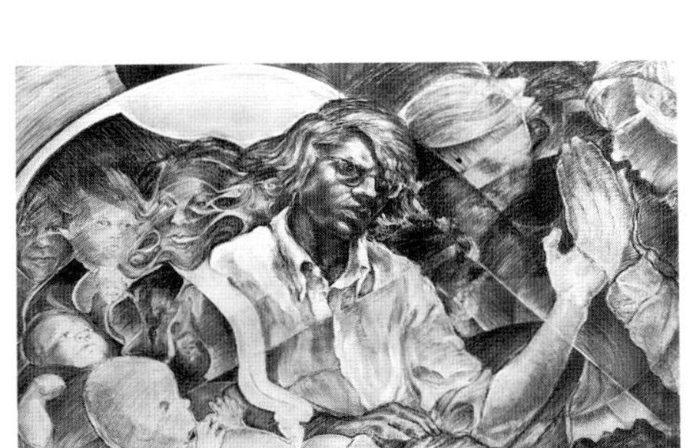

AUTORRETRATO — 16 AÑOS

Mago, sacerdote y curandero, el chamán es temido y venerado en las culturas en las cuales practica. Un chamán es el que emprende un camino que desafía las normas sociales establecidas —sus valores y sus símbolos sacros— con el fin de lograr la sabiduría y los poderes curativos que son su meta; está de acuerdo con la percepción de la realidad que conforma el sueño colectivo de la humanidad sonámbula y declara su oposición a la sociedad altamente desarrollada.

Transculturalmente, el proceso chamánico implica una fase en la cual el iniciado se encuentra con sus aliados animales y desciende al submundo. Después de enfrentarse con la muerte en algunos sucesos dramáticos, "renace" y asciende a los mundos superiores para reunirse con espíritus afines. A lo largo del trayecto el chamán recibe sus poderes curativos y de visiones.

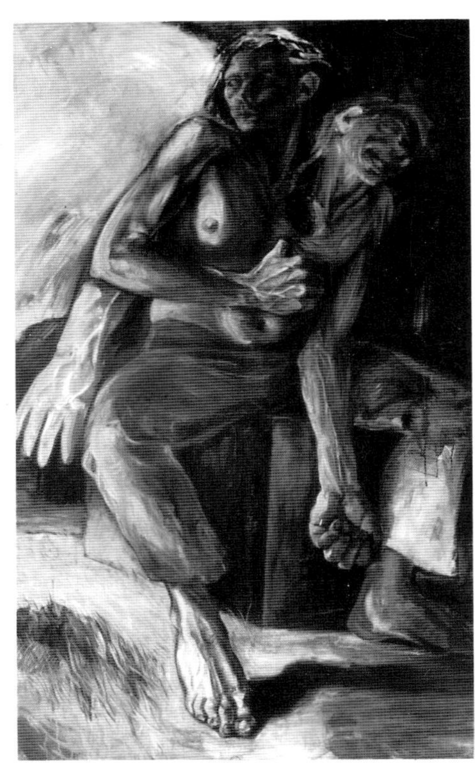

AUTORRETRATO — 17 AÑOS

El viaje del chamán puede ser entendido en términos de un sendero a través de lo negativo, el lado demoniaco de la realidad, una tradición que también lo es para las culturas místicas. En el hinduismo existe el culto a Kali, madre del tiempo y divinidad negra de la muerte, que a veces se retrata copulando con el cadáver de Shiva. La adoración de ciertas horripilantes deidades tibetano-budistas invoca al terror e impone respeto a los devotos que se dirigen, a través de una aniquilación del propio ser, a identificarse con la deidad.

Junto a la habilidad de contactarse con el mundo espiritual, las drogas psicodélicas, la embriaguez, la desnudez, el sexo, el abuso físico y la autodenigración son frecuentemente parte del camino del chamán. Quienes lo emprenden pueden perderse en un laberinto de desilusión o, si se encuentran entre los pocos supervivientes, se liberan del yugo de la mediocridad y están abiertos a la visión del Origen, la fuente de todas las cosas. Así, liberado, el chamán vuelve a servir a la comunidad viajando entre el mundo inferior, el medio y el superior.

Al igual que los chamanes y los viajeros místicos, la ardua ruta que Grey tomó hacia la trascendencia espiritual, la purificación y la visión liberadora que se convirtió en *Espejos Sagrados* era no de una simple pureza divina, sino de un doloroso, errante y tortuoso viaje a través de pantanos venenosos y selvas sepultadas en las cavidades más negras y crudas de la vida, la muerte, el rito y la percepción. Los peligros de este camino terrenal y de sombras eran los hoyos profundos dentro del abismo de la maldad y la malevolencia, pero la luz al final del túnel era la de Dios mismo.

PINTURAS ADOLESCENTES

El padre de Grey fue un artista gráfico profesional y con su ayuda Alex, desde temprana edad, empezó a aprender a dibujar. El joven Grey mostró un gran talento. Dos interesantes pero inmaduros autorretratos pintados a las edades de dieciséis y diecisiete años merecen atención no como paradigmas de la comprensión visionaria que encontró más tarde en sus *Espejos Sagrados*, sino como los primeros umbrales de auto-conciencia que tendría que pasar a través del camino hacia su final entrada extracorpórea dentro de la vasta cosmología espiritual. Los saltos de fantasía imaginativa, valientes y bellos, son característicos de una forma intuitiva y sensible, supongo, de la era psicodélica en la cual fueron producidos. El autorretrato de los dieciséis años anticipa una expresión desenfocada de la lucha interior de Grey (la mano izquierda en pugna con las manos en posición de orar) y su preocupación por el ciclo vital: la mano derecha de Grey toca el punto de conexión entre su propio feto y su cadáver. En el autorretrato de los diecisiete años vemos una confrontación de las fuerzas polares, como si fuera un ser de dos cabezas intentando apartar el lado oscuro y enfermizo de sí mismo. En la geometría de Grey del cuerpo, la mente y el espíritu, estas pinturas ya están expresando su obsesión con la mortalidad y la polaridad. Quizás sean las primeras manifestaciones de "la llamada" al autoconocimiento a través del arte.

ARTE EN OHIO 1973-1974

Durante los años sesenta y setenta las actividades del arte de vanguardia rompieron todos las barreras estéticas. Un ejemplo de ello lo fueron las representaciones de arte, con eventos tales como los trabajos chamánicos de Joseph Beuys, la violencia catártica de los "Accionistas" vieneses y las actividades de los notables artistas norteamericanos Vito Acconci y Chris Burden. El término "representación" no significaba que se necesitara un escenario o un público o en su sentido tradicional. El evento en sí llegaba a ser la alternativa para llegar a la audiencia. El primer acercamiento relevante de Grey a su medio ocurrió en Ohio al finalizar sus estudios en la escuela de arte.

Es fácil ver que —incluso en sus primeras obras menos desarrolladas (y a pesar de su inherente relación con las tendencias del arte en general de aquel momento)— el estilo de Grey fue siempre el suyo propio, de una manera única y sin compromiso. Dos trabajos, *Perro secreto* y *Perro devuelto* tenían como base el cadáver de un perro. Con un rigor pseudocientífico, basado en una fascinación distinta y una "objetividad" insensible e impersonal, que es tan rara como acobardante dentro de la tradición humanista de las buenas artes, Grey indagó en los temas de metafísica sensitiva rindiéndose a la vida y la muerte y tratando de elaborar una concepción de la existencia basada en hechos físicos o anatómicos del ser.

Para la realización de *Perro secreto* Grey recogió un animal atropellado hacía poco y lo puso en una bolsa cerca de la orilla de un río; cada pocos días fotografiaba los restos para documentar su gradual degradación. Pero *Perro devuelto* fue elaborado con dos paquetes colocados juntos: uno de carne magra en polvo y el otro lleno de una indescriptible masa de grasa animal. En ambos casos los envoltorios eran bolsas comunes como las que se utilizan para gran variedad de productos comerciales. *Perro devuelto* es una ecuación escultural que reduce la vida a sus componentes más significativos, un festín servido de una forma minimalista, obsesiva, severa y despersonalizada. Estos trabajos fueron los primeros de muchos intentos de Grey por sobrepasar su disgusto y temor a la muerte biológica y de enfrentar la incertidumbre sobre la mortalidad encerrada herméticamente en su obsesiva atracción por la muerte. "Hacer las obras de los perros", ha dicho Grey, "me hizo cuestionarme la naturaleza de la conciencia. La energía vital, el conocimiento, la conciencia, parecían haberse perdido y con ello llegaba la disolución o desvanecimiento del cuerpo. Era una meditación sobre la no permanencia. Si uno realmente se va ¿a dónde va? Y si uno no quiere ir a ningún lado, ¿qué dice eso acerca de la naturaleza del universo en el cual vivimos? ¿Es tan sólo un mundo material?"

"Había también una referencia a la época, al sentimiento pre-Watergate de malestar general, de secretos descomponiéndose dentro de nosotros, secretos que corroían el alma de Norteamérica. Este perro en descomposición era como la amargura que existía dentro del gobierno y de la gente. El hedor podía haber sido el de Dios muerto (en aquel tiempo yo estaba leyendo a Nietzsche), el hedor de la democracia podrida, de nuestro gobierno podrido. Podría haber sido Vietnam.

En efecto, era el símbolo de un estado psicológico o cultural; pero lo que era realmente físico era la observación del proceso de la muerte, el hecho al que se enfrenta todo ser vivo."

TRABAJOS DE POLARIDAD

Simultáneamente a sus autorretratos adolescentes, el arte de Grey comenzó a aferrarse a la comprensión de las fuerzas en oposición dentro de uno mismo y del universo, en particular la polaridad del espíritu y la materia, un tema tratado también en *Espejos Sagrados*. Lo consumía la idea de que el conflicto de los opuestos era el principio subyacente al cosmos. Como señaló Jung: "Igual que toda energía procede de la oposición, así también la psique posee su polaridad interna, siendo ésta un requisito indispensable para su supervivencia... Tanto teórica como prácticamente, la polaridad es inherente a todos los seres vivos".[2] Igualmente, la filosofía del taoísmo establece que el macrocosmos así como el microcosmos están construidos sobre el principio de la complementariedad, expresado como Yin y Yang.

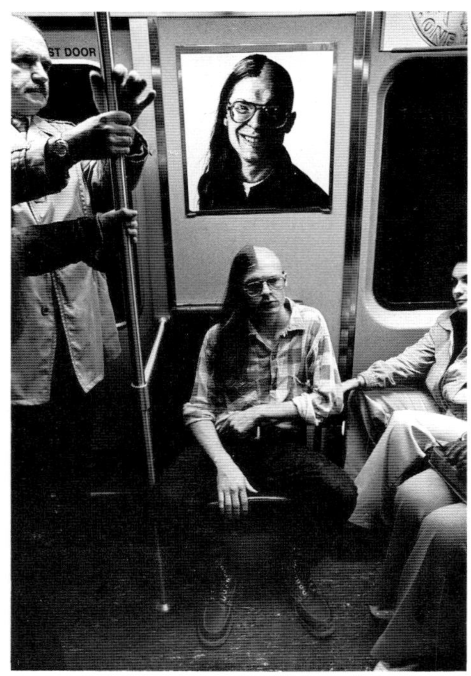

METRO PRIVADO
Boston, 1974

Durante un intenso período de creatividad, que va del otoño de 1974 hasta la primavera de 1975, Grey formalizó sus conceptos referentes a la polaridad a través de realizaciones que exploraban la anatomía, el ambiente social y, por último, la electroalquimia global. *Cartelera privada* era una cartelera con la imagen del artista con la mitad de su cabeza rapada y la otra mitad con el cabello largo, erigida sin permiso en High Street, Columbus, Ohio, como la toma guerrillera no autorizada de un espacio para anuncio comercial. Visualmente sencilla y franca, la idea le llegó a Grey durante un sueño. El autorretrato de la cartelera con un corte de pelo extremadamente excéntrico era la evidencia de su sentimiento de desequilibrio interno y anunciaba su separación de la (así llamada) normalidad social.

El intento conceptual era ilustrar la división hemisférica entre las dos mitades del cerebro, la izquierda que gobierna las funciones lógicas de la razón y la derecha, que es responsable de la intuición y los procesos emocionales de la conciencia. Ese mismo año Grey trabajó aún más en esta persona con el cráneo dividido, ubicándola en una interacción social directa. En *Metro privado* Grey aparece en un vagón del metro de Boston con la cabeza medio afeitada y rodando adelante y atrás de la línea durante una hora y media, sentado bajo un anuncio que tenía una fotografía suya con el mismo corte de pelo. Ésta fue la primera aventura significativa en el campo del arte auto-referencial que se desarrollaría por medio de escandalosos ejercicios públicos que eran bastante más dramáticos, atrevidos y autodegradantes.

Para dar a conocer *Folletos*, Grey se instaló en una muy concurrida plaza pública de Boston luciendo todavía su peinado polar y entregando a los paseantes un folleto con la foto de su cara y pidiéndole a cada uno que pisara la imagen o bien que fuera su amigo y le invitara de vez en cuando a cenar. El contacto humano directo, potencialmente volátil (evidente en *Folletos*), propicia un diálogo sin salida e incómodo entre el artista y su audiencia. Pero Grey era, por lo tanto, capaz —violando las paredes protectoras de su propio ego a través del temor, el desconcierto y una confesada vulnerabilidad emocional— de socavar hasta la médula su propia autoconciencia.

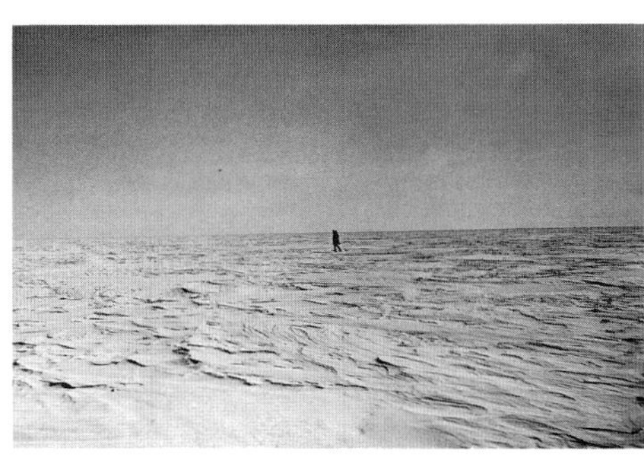

VAGABUNDEO POLAR
Resolute Bay, Canadá, 1975

Según se desarrollan las obras de polaridad, el método chamánico de realización personal de Grey, o de lo que se puede interpretar como un descenso dentro de la maldad, se iba intensificando enormemente. *Saco cerebral* era un rito que incluía el afeitar su cabeza y vomitar sobre un cerebro humano. Emplazando los elementos de su representación, cargados simbólicamente dentro de una bolsa de basura, el artista indicaba la disposición de su condición mental negativa. Como si fuera un exorcismo, la obra significaba la purga de su confusión mental y malestar con el propósito de la purificación y curación.

La culminación del trabajo de polaridad de Grey llegó en mayo de 1975 con

Vagabundeo polar. La representación vinculaba la peregrinación de Alex hacia el Polo Magnético Norte. Grey explica: "Todas las líneas magnéticas de fuerza de la tierra convergen en los polos magnéticos norte y sur. Esta convergencia crea un gran campo magnético sobre la superficie polar de la tierra. Sin embargo, este campo está cambiando constantemente y su efecto se conoce como vagabundeo polar. Cada pocos años los mapas geomagnéticos deben ser trazados de nuevo para ajustar el efecto del vagabundeo polar. Parece irónico que algo en lo que confiamos para obtener nuestra orientación esté moviéndose continuamente". En ese sublime paisaje minimalista de tundra helada, Grey viajó al centro de la región polar, cerca de Resolute Bay, Canadá, donde el magnetismo planetario es tan poderoso que ocasiona que las agujas de los compases giren frenéticamente. Una vez allí, parado en la nieve, se quitó toda la ropa y corrió en círculos. La acción era una meditación geofísica sobre la rotación y las fuerzas electromagnéticas de la tierra. La representación de Grey indujo a un estado de trance fundamental extracorporal dentro de sí mismo durante el cual experimentó la sensación de disolverse lentamente en una fuente de energía pura y fundirse, llegando a ser uno, con la frecuencia dinámica innata de nuestro planeta.

ENFRENTAMIENTOS CON LA MORTALIDAD: POLARIDAD VIDA/MUERTE

La tendencia intensamente mórbida de Grey como aquella observada en la representación conceptual de *Perro secreto / Perro devuelto* llegaría a ser mucho más pronunciada en la segunda mitad de los años setenta, cuando estuvo empleado en la morgue como embalsamador y preparador de cadáveres. Es importante expresar que en sus trabajos cuasi-científicos de entonces, a veces relacionados con la disección y el desmembramiento de cadáveres, y en el arte extremadamente controvertido que realizó en aquel tiempo, la entrada de Grey en el tabú social y las atemorizadoras regiones de actividad residía siempre fundamentalmente en el interés de su propia visión privada: la geometría polar de la vida y la muerte en la matriz de una metamorfosis personal, física, social y trascendental contenida dentro de la divina lógica de la mortalidad. Entre las libertades más provocativas, éticamente debatibles, que se tomó en ese período están *Congelación profunda*, para lo cual se encerró en un refrigerador repleto de cadáveres durante cinco minutos mortalmente silenciosos y escalofriantes; también *Vida, muerte y Dios*, para el cual se suspendió de arriba abajo del lado izquierdo del dibujo de un crucifijo clavado a la pared mientras en el otro lado, en contrapeso, su pie estaba atado al pie del cuerpo vacío de un hombre muerto; y *Monstruos*, una serie de treinta aterradoramente elegantes y espiritualmente iconográficas fotos en blanco y negro de varios fetos malformados conservados en frascos con formaldehido.

En *Visuddimagga, El sendero de purificación* de Budaghosa (un sumario de las enseñanzas de Buda del siglo V), hay una lista de cuarenta temas de meditación, diez de los cuales incluyen cadáveres repugnantes y en descomposición: "un cadáver hinchado, uno roído, uno infestado de gusanos, un cadáver cortado y desparramado", etc.[3] Este texto sugiere que un monje serio debe visitar los osarios como recordatorio de la no permanencia, para enfrentar y desarrollar la conciencia contra su disgusto y temor ante los cuerpos muertos. Los monjes también estaban avisados de mantener una distancia de los cuerpos. Grey, buscando enfrentar sus temores, utilizó metáforas correspondientes al equilibrio dinámico de la vida y la muerte. No obstante, el haber violado la sagrada distancia de los cuerpos más tarde llevó al artista a una crisis de conciencia que alteró su trabajo para siempre y le condujo a crear *Espejos Sagrados*.

VISIONES ALUCINANTES: JUICIO Y RENUNCIACIÓN

La fase mortuoria de Grey traspasó de muchas maneras una región que hemos dado en llamar (a falta de otra palabra mejor) "malvada". La búsqueda secreta de Grey y la autoexpresión dentro de los límites de esta zona prohibida fue cesada abruptamente cuando una serie de visiones dramáticas ego-demoledoras le forzaron a reevaluar su posición como artista y como ser humano. Grey me las describió como sigue:

> En la primera, estaba haciendo el amor a una hermosa mujer, pero mientras ella me atraía hacia sí, envejecía rápidamente y moría. Vi crecer los lados de la cama y convertirse en un ataúd que me sepultaba junto a ella. En mi segundo sueño el monstruo sin cerebro de un sabio permanecía ante mí como una imagen holográfica. Muchas voces diferentes hablaban al mismo tiempo a través de ese ser, diciéndome que yo quería estar con ellos tanto como ellos querían estar conmigo y que debía reunirme con ellos. Sentí una presencia extremadamente diabólica en esa criatura y sabía que yo ya estaba al borde, muy cerca del punto sin retorno. Empecé a decir una y otra vez: "Sé que el amor divino es el poder más fuerte", y me mantuve afirmando esa creencia hasta que por fin la figura sin cabeza se desvaneció. Una luz azulada prosiguió poco después de mi separación de la oscura aparición y de ella emergió una voz que se presentó a mí como el Sr. Lewis. Me dijo que era un ángel interplanetario y que era mi guía. Me dijo que no me preocupara. En ese momento desperté. Era media noche, estaba cubierto de sudor y temblaba de miedo. Unos cuantos días después tuve otra pesadilla en la cual me encontré dentro de una Corte amenazante, ante un juez ciego y un jurado enojado, mientras me enfrentaba a una mujer que me acusaba de traspasar su cuerpo en mi trabajo de la morgue. Traté de explicarle que estaba haciendo "arte", pero no había absolutamente ninguna compasión. El juez me dijo que en adelante debería hacer un trabajo más positivo y puse mi vida como prueba de que nunca crearía aquel arte negativo.

¿Sueño, pesadilla, visión, alucinación, premonición o intervención mística? El hecho es que, en cierto nivel lejos de las razones o conmociones creativas, estos sucesos tuvieron lugar para Alex Grey de una forma que, para él, era indiscutiblemente real. En la tradición chamanista toda información importante del reino de la muerte o de los espíritus se hace presente en visiones o sueños. Al recordar ahora las visiones, Grey no busca responder a la pregunta de su origen sino articular su forma dentro de la esfera de su propia alma: "Si se cree en cierta clase de ecología moral, o karma, se puede decir que las entidades de esas visiones estaban tratando de llevarme al buen camino. Las visiones eran un punto de regreso para mí. Me ayudaron a darme cuenta de que podía pasarme toda la vida en la oscuridad y la ignorancia, y que era el momento de que yo cambiara".

Piezas de Aislamiento

Las prácticas de retiro ritual han sido utilizadas en muchas tradiciones chamánicas y religiosas así como en recientes investigaciones científicas psicológicas. Los ambientes de privación sensorial parcial o completa han probado ser una excelente herramienta para la búsqueda de las regiones enterradas de nuestra mente y nuestra alma, así como para eliminar las percepciones externas en orden a facilitar las experiencias extra-corporales. Grey usó esas técnicas por primera vez en *Vagabundeo polar*.

Al poco tiempo continuó con ellas en *Congelación profunda*, que obtuvo éxito como obra de aislamiento en tanto que le conectó con ciertas fobias primarias del núcleo de su ser. Casi a finales de 1976, Grey representó una sesión de arte-corporal de privación sensorial en dos etapas llamada *Ápice*. La llevó a cabo en un tejado de Boston, del cual se suspendió verticalmente con cadenas y arreos dentro de una estructura piramidal durante dos horas ininterrumpidas, en noches sucesivas. Ante la audiencia fue puesto un letrero en el que se leía la declaración de las intenciones del artista: "Durante *Ápice* dejaré mi cuerpo y les tocaré". Grey describió más tarde su experiencia durante la representación como una disolución en una red de luz, dejando su cuerpo y adquiriendo una forma astral desde donde fue capaz de tocar a los miembros de la audiencia.

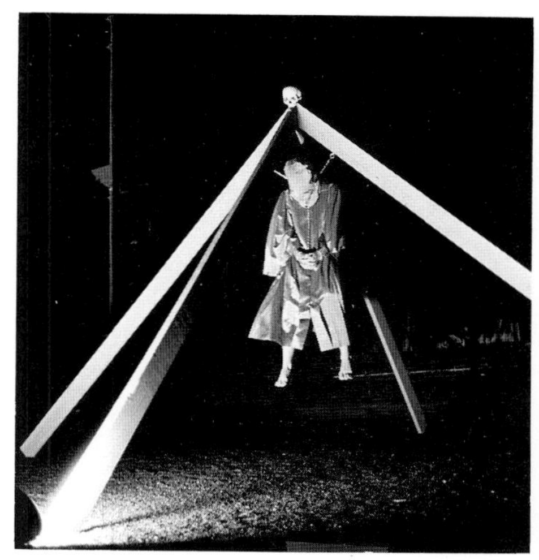

ÁPICE
Boston, 1976

En 1978 Alex y Allyson idearon la *Venda mental* y la comercializaron, un adminículo de privación de vista y oído, ligero y barato, que combinaba una venda para los ojos y tapones de oídos. Grey visualizó la *Venda mental* como "un símbolo del espacio del Vacío auto-reflexivo, una pantalla blanca con el propósito de observar el arte de la mente". En la actualidad la *Venda mental* todavía se fabrica y se vende mediante pedido por correo, muchos años después de que Grey cediera los derechos. Tal vez lo más destacable de este dispositivo es su concepción radical de lo que constituye el papel del artista en la creación, o autoría, de la experiencia estética de los demás.

"Lo veo como lo hago con un millón de otros trabajos de arte", dijo Grey. "Es tan sólo un objeto simbólico que estimula la experiencia individual del espectador". Llevando puesta una versión anterior de la *Venda mental* al tiempo que tomaban drogas psicodélicas, Alex y Allyson fueron capaces de compartir simultáneamente una experiencia que cambió para siempre el curso de su arte. La experiencia también condujo a Alex a su concepción metafísica del orden cosmológico fundamental para *Espejos Sagrados* y el total de pinturas que tanto Alex como Allyson han producido en los años ochenta. Grey todavía recuerda vividamente sus primeros encuentros con la visión que llamaron más adelante el "Entramado de la Mente Universal": "Yo era parte del sistema de energía de amor en un vasto entramado luminiscente transparente. Era como si el velo de la supuesta 'realidad' hubiera sido descorrido del mundo material para exponer la realidad sólida, el andamiaje del espíritu. Lo entendí como una intrincada interconexión de uno con los demás en un nivel de conciencia que era infinito y eterno. Era la base ética de la compasión, donde se sabe que todos los seres y todas las cosas son parte de nosotros. Supe que la muerte no debía ser temida porque finalmente volveríamos a la profunda bienaventuranza de este reino". El efecto de su visión física del "Entramado de la Mente Universal" fue inmediato. Desde entonces los Grey se dedicaron obsesivamente a la exploración personal y a la expresión visual de este complejo territorio metafísico.

RITUAL CHAMÁNICO: TRABAJO DE REPRESENTACION CURATIVA

Así como de *Vagabundeo polar, Ápice* y la *Venda Mental* puede decirse que son apropiaciones en el contexto del mundo del arte del trance autoinducido, yoga y estados de meditación de conciencia, así también es posible ver que en muchas de sus representaciones Grey utiliza gestos, actitudes, simbolismos, coreografías y puestas en escena que son reminiscencias indudables de rituales de las culturas chamánicas de todo el mundo. Las ceremonias en el arte de Grey no son literalmente transposiciones "extra-culturales", o ideas reconstruidas, sino rituales bastante personales con intenciones transpersonales. Para Grey el propósito del arte y las acciones del chamán es catalizar o despertar dentro de los límites de una cultura a las realidades desconocidas o misterios sagrados que nuestros científicos, eclesiásticos e instituciones civiles rechazan y suprimen sistemáticamente: experiencias y concepciones de las fuerzas ocultas de la vida que Grey ha encontrado, en las que ha creído honestamente y a las que aún está tratando de comprender. Con su arte, ya sea consciente o instintivamente, Grey ha asumido el papel primario del chamán de sanador dentro del caos maligno de la autodestructividad biológica, la alienación psicológica y los absolutos ideológicamente equivocados que han enfermado nuestras creencias y conducta. Sus obras de representación, así como los *Espejos Sagrados*, proporcionan meditaciones curativas, tanto como encuentros catárticos con la maldad misma, o experiencias reflexivas de todos los aspetos sanos de nuestro ser.

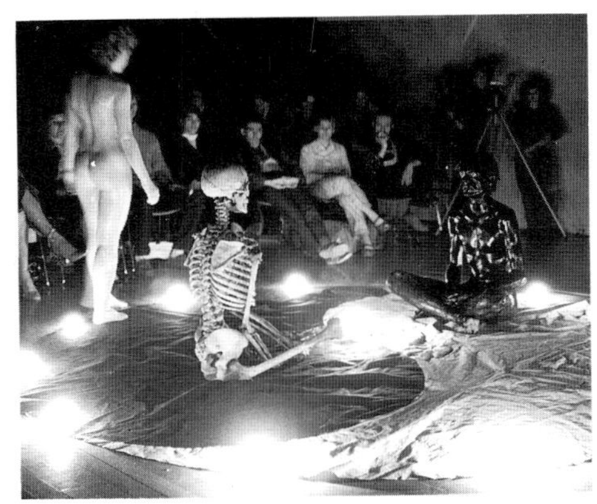

MEDITACIONES SOBRE LA MORTALIDAD
Colegio Sara Lawrence
Bronxville, Nueva York, 1980

Meditaciones sobre la mortalidad, llevada a cabo en 1980 en el Colegio Sarah Lawrence, estuvo entre lo visualmente más convincente de las obras de representación ceremonial de Grey. Descritas por éste como la culminación en imágenes de su trabajo sobre la polaridad, *Meditaciones* se iniciaba en la oscuridad con el canto de monjes tibetanos grabado en una cinta y reproducido a gran volumen. Allyson Grey entraba desnuda, cubierta de pintura grasosa blanca, portando una pequeña vela y seguida por Alex, también desnudo pero cubierto de pintura grasosa negra. Juntos se movían dentro de un espacio central, un gran círculo de Yin/Yang rodeado por una docena de velas distribuidas como las horas del reloj. Mientras Alex miraba en meditación un esqueleto humano sentado frente a él, Allyson encendió las velas, puso la suya en el centro del símbolo y caminó alrededor del reloj hasta que todas las velas se consumieron y apagaron. En ese momento ambos se reunieron y salieron fuera del círculo y durante un instante acentuado por flashes intermitentes de luz y el fuerte sonido de cornos y tambores, se abrazaron frenéticamente, consiguiendo como efecto una combinación de sus dos coloraciones en el gris. Cuando volvió a escucharse el canto tibetano, Alex y Allyson reasumieron sus posiciones originales y salieron.

La representación era un ritual de transformación. Los artistas empezaron en un espacio sagrado como opuestos o dualidades, sus cuerpos blanco y negro eran expresiones del Yin/Yang. La meditación activa y pasiva progresó hasta un punto en el cual ambos opuestos polares respondieron a una nueva llamada: una luz relampagueando intermitentemente fuera del círculo de dualidad. Alex y Allyson permanecieron de pie, abrazados, bajo la luz. Mezclando sensualmente sus pigmentos, crearon una combinación de opuestos. La transformación al gris simbolizaba el "camino de en medio", el equilibrio y la unión de todo lo antagónico.

En *Holocausto* (llevada a cabo en R.A.W., en Hartford, Connecticut) Grey, cubierto de sangre y vestido con un taparrabos, presentó una serie de "esculturas de fuego" como símbolos de la conciencia metafísica en el plano material. En una de esas esculturas permaneció ante una urna en forma de tótem hecha de calaveras animales y humanas y leyó en voz alta algunos pasajes del Corán, la Biblia y el Bhagavad Gita referentes al fuego sagrado; después quemó los libros en la urna. Más adelante, como si las cenizas contuvieran la esencia de los libros sagrados, se las frotó por todo su cuerpo.

Desde su decisión de redirigir su energía creativa dentro de un canal de fuerzas vitales más positivo, el interés de Grey en los temas de vida/muerte y mortalidad se volvió menos relacionado con los aspectos físicos y viscerales de la muerte y la descomposición y se enfocó hacia la visión de una muerte mundial inminente. Durante fines de los años setenta y principios de los ochenta Grey produjo una considerable serie de trabajos que enfrentaban el peligro ominoso del olvido apocalíptico y el genocidio masivo. En esa fase de elevada preocupación política y social, la fascinación mórbida y la potencia terrorífica visual de su arte servía como parábola humanísticamente relevante.

La bestia, creada para P.S.1, la más importante alternativa de espacio de exhibición en Nueva York, y producida en Palm Sunday en 1982, fue visualmente dinámica y elaborada excepcionalmente. Los asistentes, al entrar, lentamente se iban poniendo en fila delante de Grey, que estaba sentado detrás de un escritorio negro, vestido como soldado y con las manos pintadas como si fueran un pasaporte oficial ostentando el 666, el número satánico de la bestia. La banda sonora era un estrépito estremecedor que reproducía sirenas de bombardeo aéreo, explosiones de bombas nucleares y *El Mesías* de Handel, mientras en una pared la bestia misma, una araña de ocho tentáculos y siete cabezas (aferrando un arsenal de pistolas y cuchillos y conformada de un ensamblaje de esqueletos humanos y calaveras de ovejas) colgaba sobre una telaraña de alambre de púas enroscada sobre un mapamundi rojo. Otra pared recibía una proyección en color rosa de

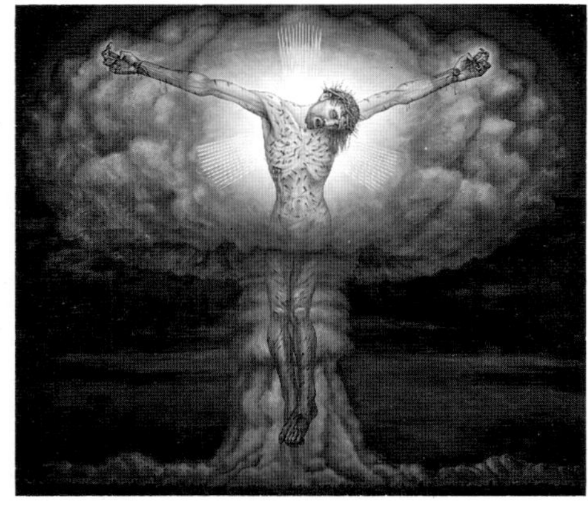

CRUCIFIXIÓN NUCLEAR, 1980
Óleo sobre tela, mide 2.85 x 3.10 mts

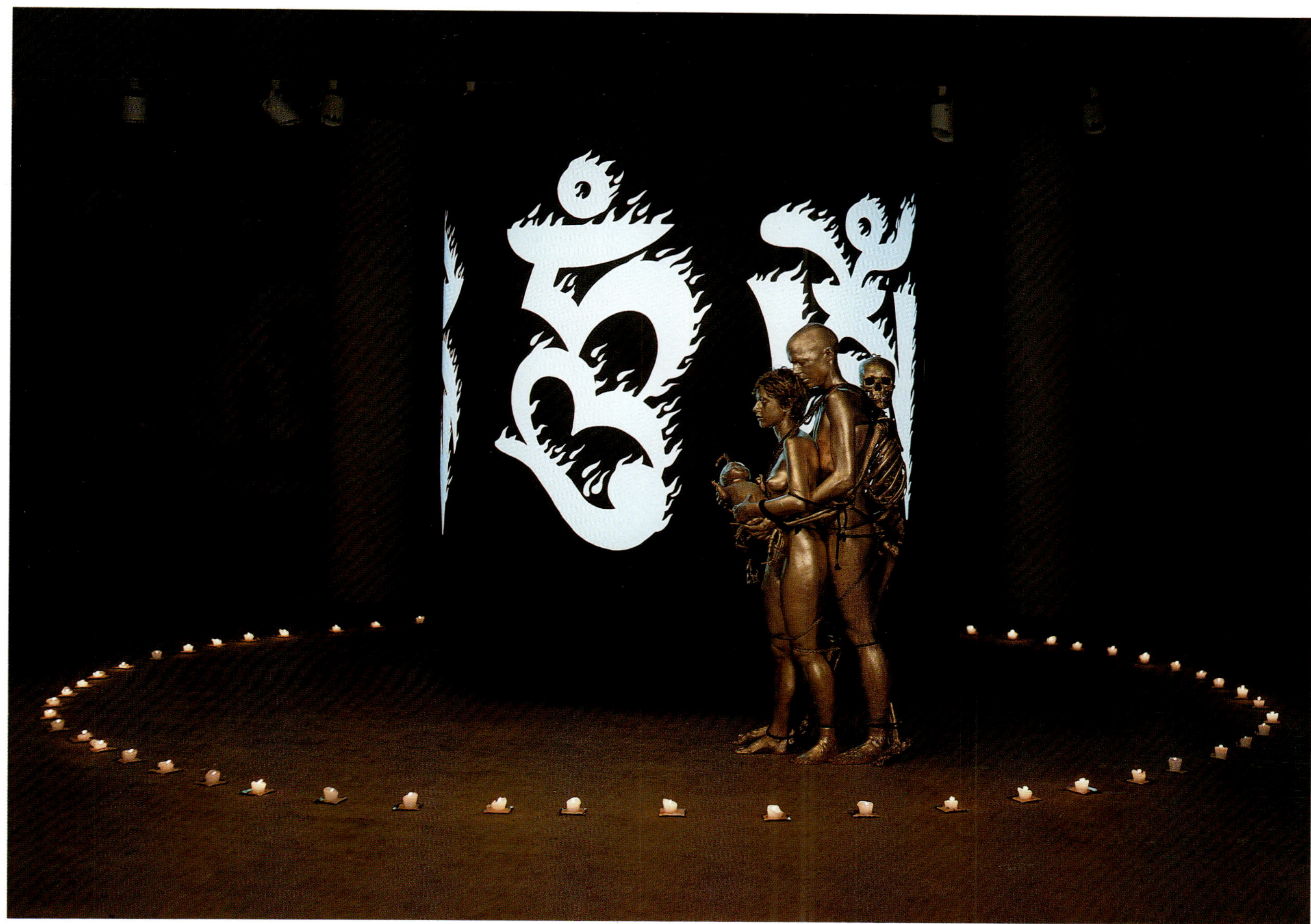

Rueda de Oración
Universidad de Massachusetts, Amherst, 1983

una película sobre la explosión de la bomba de hidrógeno vista desde encima de sus nubes ascendentes. En una tercera pared había una pintura de nueve y medio por diez pies y medio llamada *Crucifixión nuclear*, que mostraba un Cristo —al estilo Grunewald— crucificado encima del hongo atómico que se elevaba sobre una ciudad en llamas. *Crucifixión nuclear* es una de las primeras pinturas de Grey originada en sus visiones psicodélicas. Cuando en 1976 recibió la visión por primera vez, le desconcertó. No la pintó hasta cuando finalmente comprendió su significado, cerca de cuatro años más tarde, interpretando que Cristo permanece por lo bueno que hay en nosotros y que la misma brutalidad e ignorancia que asesinó a Jesús podría algún día ser responsable de una guerra nuclear.

Mortalidad Ritual Como Transformación Espiritual

En 1983 Grey produjo cuatro grandes eventos que prefiguraron las metáforas espirituales de la trascendencia personal que desarrollaría en *Espejos Sagrados*. En *Rueda de oración*, presentada en la Universidad de Massachusetts, Amherst, Alex y Allyson aparecieron desnudos, pintados de dorado, llevando una muñeca y un cuchillo, atados a un esqueleto y a una gran rueda de oración negra y cilíndrica. Las entrelazadas combinaciones polares de lo masculino y lo femenino, el nacimiento y la muerte eran, para Grey, una exteriorización de las polaridades de uno mismo que mantienen en movimiento la rueda de oración como una maquinaria de transformación espiritual. La rueda de oración lleva inscrito en grandes letras iluminadas el mantra "*Om, mani padme hum*", una oración dedicada a Avalokitesvara. Grey incluyó una imagen de *Avalokitesvara* de la serie de *Espejos Sagrados*, diecisiete de los cuales se mostraban como parte de la instalación de la *Rueda de oración*. Dentro de un círculo de velas, los Grey entonaban el mantra y deambulaban lentamente en redondel por la rueda de oración, en paseo de meditación durante una hora y media, antes de cortar finalmente la cuerda que los conectaba a la rueda y salir de la habitación.

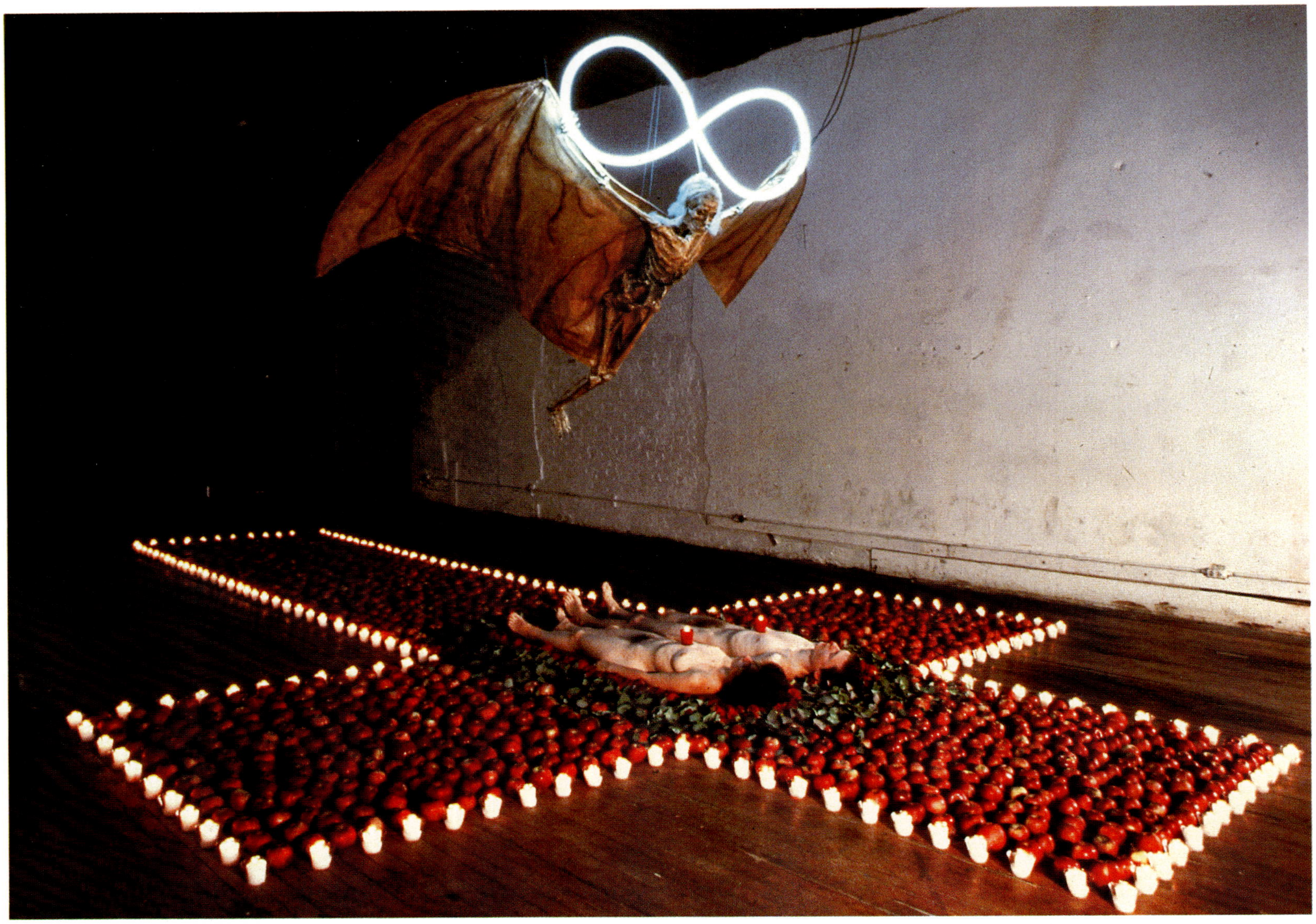

CRUZ VIVIENTE
Galería Randolph Street, Chicago, 1983

Cruz viviente, una representación estática de tres horas producida en la Galería Randolph Street de Chicago, tenía lugar en un ambiente visualmente asombroso con la apariencia y el sentimiento de un santuario devocional. Alex y Allyson yacían desnudos, con velas votivas rojas en el pecho, en el centro de una enorme cruz hecha de rosas y manzanas. El perímetro estaba delineado con velas. Por encima de los Grey colgaba un ángel de la muerte, un esqueleto alado que portaba entre sus brazos extendidos una luz de neón con la forma del símbolo del infinito. Una banda sonora de cantos gregorianos resaltaba la atmósfera sensual y espiritual de la obra.

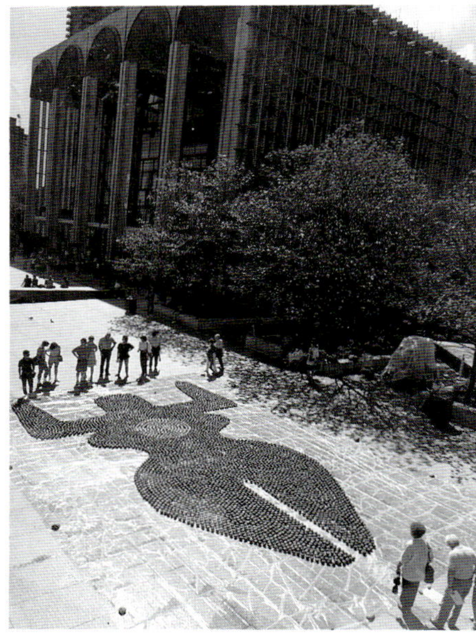

DIOSA
Lincoln Center, Nueva York, 1989

En 1989 los Grey fueron comisionados por el Lincoln Center Out-of-Doors y Creative Time de Nueva York para producir *Diosa*, una representación fija de todo un día sobre una explanada adyacente al Lincoln Center. Los Grey, y un grupo de amigos, formaron con 5,500 manzanas la figura de una divinidad primordial de cuarenta y cinco pies de largo. Como una consagración total a la *Diosa*, Allyson se sentó en el centro del corazón acunando a su hija Zena mientras Alex representaba cien postraciones al pie de la imagen. La creación de la figura era un reconocimiento ritual a la fuente de vida, la Madre Tierra, que nos mece y a la que tenemos que preservar si queremos sobrevivir. Al finalizar el día los amigos ayudaron a los Grey a recoger las manzanas, tras lo cual las donaron a un asilo de familias sin hogar.

ESPEJOS SAGRADOS: REFLEJAR EL PROPIO SER EN LA IMAGEN DIVINA

Desde principios de los años ochenta el trabajo de representación de Grey se había vuelto más escultural, enfocándose en figuras activadas y mezcladas con el medio. La inspiración directa de *Espejos Sagrados* viene de *Energía vital*, obra en la cual la audiencia participaba con el artista en varios experimentos para así, cada quien, poder entrar en contacto con su propia energía vital. Unos sencillos gráficos tamaño natural del sistema nervioso y los sistemas de energía sutil (acupuntura, chakras, auras) les fueron entregados a los asistentes para que éstos permanecieran ante ellos y viesen reflejados sus propios sistemas. En *Espejos Sagrados* la intención del artista fue crear una figura que pudiera funcionar como un mecanismo psicotrónico para la transformación de los espectadores/participantes, o sea, un poderoso mecanismo activado por la energía psíquica de la conciencia del artista y el espectador. Cada sistema está pintado en forma ideal y sana para que el espectador pueda usarlo en la curación y la contemplación transformadora.

La primera exhibición de *Espejos Sagrados* (en la que se expusieron cuatro pinturas) tuvo lugar en la Quinta Conferencia Internacional sobre Psicología Transpersonal llevada a cabo en Danvers, Massachusetts, en 1980. Frente a cada pintura Grey marcó un espacio en el piso dentro del cual el espectador debía detenerse. Junto a cada pintura un dibujo/declaración explicaba el propósito del efecto de espejo y pedía al espectador que, con los brazos a los lados, se enfrentara a la imagen y procurara sentir el sistema dentro y alrededor de su cuerpo. Las personas se alineaban para experimentar o "representar con" las pinturas como una herramienta de elevación-conciencia. *Espejos Sagrados*, al igual que la *Venda mental*, el anterior proyecto de Grey, invitaba al espectador a participar para obtener una efectividad máxima.

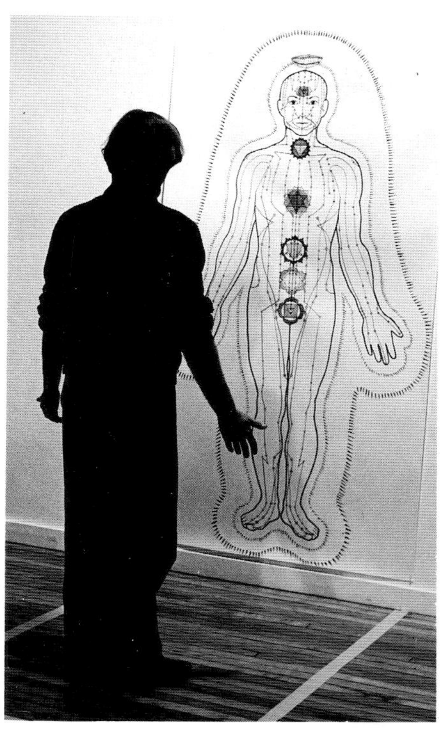

ENERGÍA VITAL
Galería Helen Schlien, Boston, 1978

Los veintiún *Espejos sagrados* totalmente enmarcados fueron exhibidos por primera vez en 1986 en el New Museum de Nueva York. Viéndolos todos juntos, su impacto es el de una alucinación cristalizada. Los trabajos —que horizontalmente ocupan unos 150 pies— recorren de arriba a abajo al espectador con una altura de diez pies y medio. Las estructuras, esculpidas elaboradamente y pintadas en dorado sobre negro con trozos de vidrio insertado, creaban una senda de luz y color que parecía infinita. Las miles de horas requeridas para producir una obra de tal envergadura recuerdan al período de la historia del arte cuando la labor devocional era el centro de la producción artística. Una mirada aún más profunda hacia los símbolos generales y las figuras de las estructuras descubre imágenes y géneros artísticos contemporáneos y futuros. La mente del espectador se sobrecarga de información y busca a tientas categorías en las cuales encasillar el trabajo. ¿Es realista? ¿Surrealista? ¿Minimalista? ¿Maximalista? ¿Post-moderno? ¿Psicodélico? ¿Abstracto? ¿Religioso? ¿Médico? ¿Científico? ¿O visionario? Incluso si el espectador no está familiarizado con todos los temas presentados, percibe la intención sagrada y el ámbito enciclopédico abrumador que motivó y produjo la obra.

El espectador, entonces, debe experimentar frontalmente cada imagen, de una en una. *Espejos Sagrados* comienza con *Mundo material*, un mosaico de espejos unidos con plomo, grabado al agua fuerte, que representa la silueta de la forma humana rodeada por los símbolos de una tabla periódica. La imagen completa del cuerpo y su silueta se fractura y obstruye por los aguafuertes y el emplomado. Es un intento frustrado y divertido de observar los resultados de cómo se aprende sobre el cuerpo, viéndolo roto y reducido a sus elementos y componentes. En los seis cuadros siguientes el cuerpo aparece sin su piel y exponiendo los diferentes sistemas anatómicos, dando, en conjunto, la sensación de que el cuerpo físico es un complejo milagro evolutivo.

A continuación aparecen las figuras de seis individuos desnudos representados con un realismo extremo. Uno se enfrenta a la vulnerabilidad y la fuerza de esas personas anónimas experimentando la propia sexualidad y percepción de la raza.

Las tres pinturas que siguen, *Sistema de Energía Psíquica, Sistema de Energía Espiritual* y *Entramado de la Mente Universal*, presentan las energías sutiles que animan al cuerpo y el alma. Frente a ellas el espectador se identifica con el flujo de energía y la disolución crepitante del cuerpo dentro de la luz infinita. Después que el ser se ha revelado como un campo unificado de energía trascendental, se aproxima a una imagen del mismo en un estado primario y sin forma, el del *Vacío/Luz Clara*. El haz de luz central de la pintura es como un paseo desde la experiencia de ser Luz hacia un estado más allá de la descripción que sólo se puede apuntar mediante símbolos.

Empezando con el complejo *Avalokitesvara* tibetano budista, uno es llamado a reflexionar sobre los seres espirituales que personifican un estado completamente realizado. Idealmente, uno se identifica con el ser iluminado, que es nuestra propia naturaleza, nuestro Buda interior, la conciencia de Cristo o la sabiduría de Sophía.

El último panel, *Mundo Espiritual*, retrotrae a una reflexión del propio cuerpo personal en un espejo real, pero con una red de luz originada en el corazón. Aquí la serie entera se cristaliza en la convergencia de Dios en uno mismo.

Como hemos visto en los autorretratos de la adolescencia y apreciado a través de sus representaciones, los cuestionamientos artísticos de Grey lo conducen a la búsqueda de sí mismo. Hemos utilizado como analogía la mística con que los chamanes transitan las tinieblas y ayudan a curar a los demás. El proceso del fin del ego (experimentado simbólicamente como un descenso al reino de los muertos) proporcionó al artista/chamán instrucciones no sólo acerca de curar sino también del nebuloso significado de lo que es tribu o cultura. *Espejos Sagrados* y sus pinturas concatenadas son la representación de Grey de sus visiones curativas y su respuesta a la inquietud colectiva.

Con *Espejos Sagrados* Grey ha llegado a una comprensión del propio ser en su aspecto universal. Los conceptos filosóficos de sus trabajos iniciales versaban sobre la coexistencia de polaridades tales como la lógica y la intuición, uno mismo y lo que le rodea y la vida y la muerte. Los *Espejos Sagrados* están trazados sobre un trayecto de auto-descubrimiento que reconoce y unifica las polaridades de la existencia humana. También representan un avance filosófico decisivo para el artista porque éste, con ellos, fue capaz de presentar el aspecto multidimensional de sí mismo en forma consolidada, como un libro en varios capítulos. Cuerpo, mente y espíritu se revelan en *Espejos Sagrados* como reflexiones de la auto-conciencia no dual o de la conciencia que trasciende todas las polaridades. Hay una parábola que reza: "Cuando un dedo apunta a la Luna, no debe ser confundido con la Luna". De la misma manera, *Espejos Sagrados* apunta hacia el uno mismo que está más allá dentro del propio espectador.

Pinturas de la Relación Humana Bio-Psicodélica

De 1983 a 1985 Alex Grey realizó un considerable número de cuadros que muestran cómo los diferentes planos de energía bio-psicodélica pasan a través de los cuerpos de parejas involucradas en distintos procesos de interacción humana. Entre los más destacables que debemos considerar están las pinturas de iluminación tales como *Besar, Copular* y *Amamantar*. Los títulos son tan descriptivos y directos como las obras mismas. De hecho, hay en ellas algo tan científicamente preciso que las hace parecer ilustraciones; desdibujan la línea artificialmente establecida entre la ciencia y el arte y eliminan la distinción nominal entre la percepción idiomática y el hecho universal; la característica de pertenecer a una innegable inclinación mística puede ser condicionante de la persistente resistencia que hasta la fecha han encontrado en el mundo del arte. Lo que podemos y debemos decir acerca de estas pinturas es que ponen formalmente en uso el esquema entero de los sistemas de energía vital que Grey sistemáticamente perfila en *Espejos Sagrados*. Un médico podría describir esto como visualmente semejante al tipo de lectura por rayos X; estas pinturas quitan la piel de la existencia para revelar los circuitos anatómicos de las venas, los nervios, los órganos y la estructura del esqueleto, así como emanaciones de la realidad metafísica como el aura, los chakras, las ondas cerebrales y las líneas de visión de la óptica humana y el reconocimiento cognitivo. Grey examina los modos biológicos, sensoriales y espirituales de conducta que ocurren en los fenómenos *inter* e *intra* humanos, describiéndolos en pinturas de personas en actos tales como besar, hacer el amor y amamantar. Su punto de vista es de clarividencia alquímica y reducción a laboratorio de todos los elementos exteriores ajenos. Traza sus impresiones de la frecuencia y presencia de esos efectos trascendentales con un vocabulario visionario que incluye las auras de luz delineadas por llamas y estrechas líneas luminiscentes que en el plano de la pintura se irradian en redes focales desde la perspectiva del renacimiento o corren en membranas transparentes e intrincadas a frecuencias eléctricas de minuto.

Pinturas Míticas, del Alma del Mundo Trascendental

Actualmente Grey está inmerso en la realización a gran escala de pinturas épicas con la técnica bio-iluminatoria descubierta en *Espejos Sagrados*. Usando una reconocible mitología histórica en un contexto contemporáneo, Grey crea una parábola moderna sobre el estado global y social del mundo de hoy. Las visiones de Grey se elevan por encima de la conciencia colectiva contemporánea y afirman (en la cara de una sociedad secular) su potencial para lograr un arte sagrado auténtico y contemporáneo.

Entre las enormes obras que Grey ha completado desde 1985 se encuentran algunos recuentos pictóricos de experiencias arquetípicas. Por ejemplo, en *Viaje del sanador herido* podemos ver la violencia contemporánea, mientras que en *Fuego sagrado* observamos la purificación que conduce a la trascendencia; y el cósmicamente panorámico *Teólogo: La unión de la conciencia humana y divina urdiendo la fábrica del espacio y el tiempo en la que están clavados el Ser y su entorno* —un trabajo de cinco por quince pies— especifica la convergencia de los puntos personales y espiritualmente universales que suceden durante la meditación. El retrato eróticamente explícito de varias formas de relación sexual en *Deidades y demonios bebiendo de la piscina láctea* representa los deseos sagrados y profanos del ser humano alrededor de los sectores axiales de la práctica divina y desviada; y *Gaia* proporciona una visión de la inclinación mental de un mundo equilibrado en el borde de su autodestrucción y autopreservación. Estareferencia a la actividad actual —recurriendo a fábulas teológicas alternativas— finalmente nos conduce directamente al estudio del aritsta.

El estudio de Alex Grey continúa siendo la rampa de lanzamiento a nuevas aventuras hacia las más lejanas regiones de la conciencia microbiológica y macrocósmica que el cuerpo, la mente y el espíritu podrán algún día descubrir durante la búsqueda de la verdad humana y el ser inmutable. De acuerdo a Grey, ese viaje representa el único curso viable tanto para el individuo como para la cultura si uno y otro sobreviven. Es a la vez la pregunta y la respuesta, el principio y el fin de todas las cosas grandes y pequeñas; y Grey es un viajante incansable en una peregrinación que es a la vez un arte y un acto de fe intransigente.

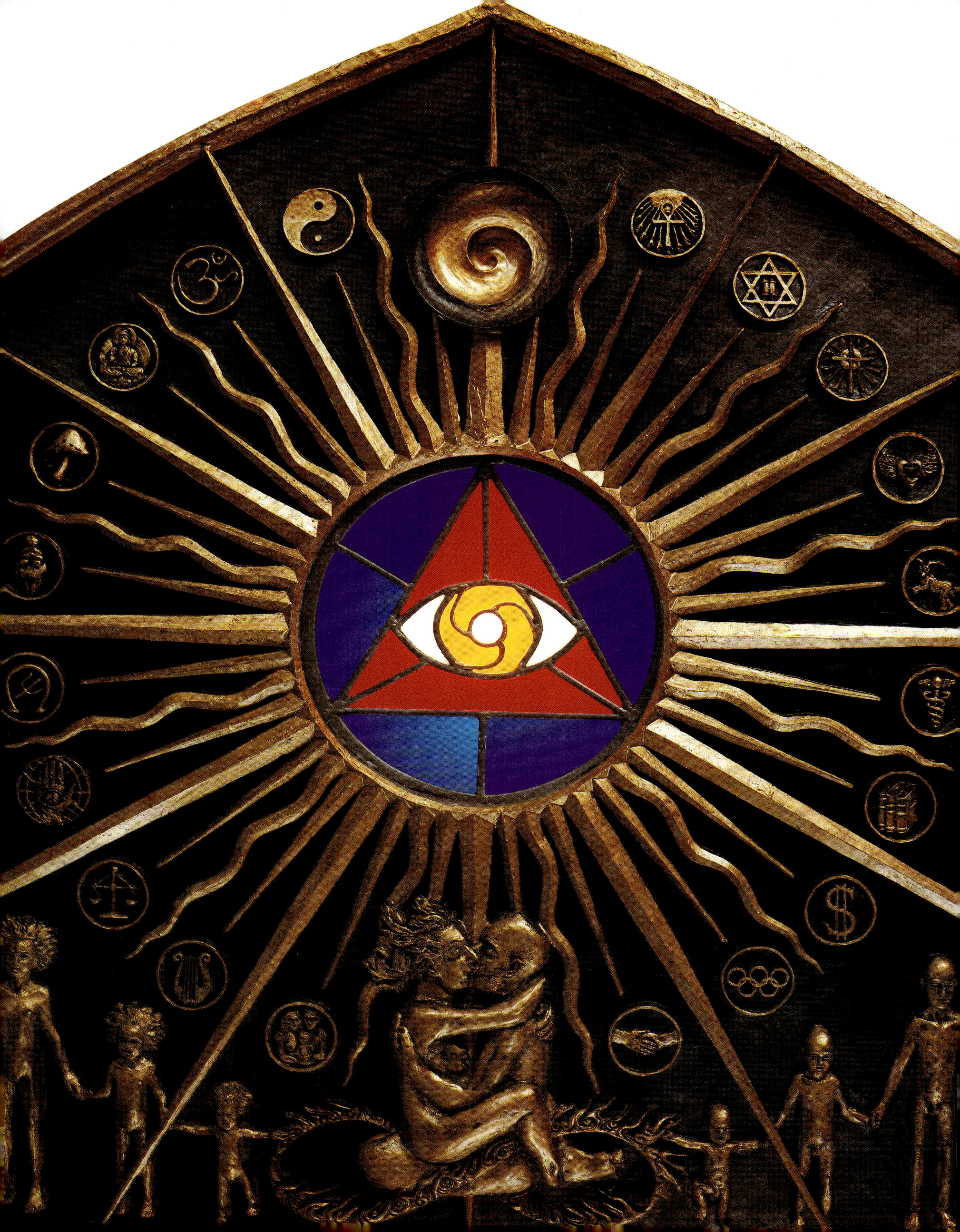

Los Espejos Sagrados

Alex Grey

La naturaleza de la mente es como un espejo que tiene la capacidad natural e inherente de reflejar todo lo que se pone ante él, ya sea hermoso o desagradable; pero esos reflejos no afectan de ninguna manera ni modifican la naturaleza del espejo. Lo mismo pasa con el estado de contemplación: no hay nada que corregir, alterar o modificar. Lo que el que la practica hace cuando entra en contemplación es simplemente descubrirse a sí mismo de la misma manera que en un espejo.

Namkhai Norbu
AUTO-LIBERACIÓN A TRAVÉS DE LA OBSERVACIÓN CON LA CONCIENCIA DESNUDA

Los objetos de arte sagrado son como depósitos de energía trascendental que pueden "cargar" al espectador receptivo y contemplativo. El medio primario del artista es la conciencia, la fuerza animadora que dirige o influye a los demás medios. La inspiración de *Espejos Sagrados* surgió después de una serie de experiencias místicas que motivaron que redefiniera mi punto de vista sobre la conciencia y el ser. Fue cuando sentí que mi cuerpo ya no era un objeto sólido aislado en un mundo de formas separadas y ansiedad existencial, sino más bien una manifestación de la energía primordial de la conciencia que estaba presente en todas partes. La experiencia mística no es una fantasía ensoñada, como lo corroborará cualquiera que haya tenido alguna. La búsqueda psicológica dentro de la experiencia mística ha producido la siguiente definición: es una sensación de profunda unidad de uno mismo con el mundo exterior; una trascendencia del espacio y el tiempo o la sensación de estar en contacto con el infinito y la eternidad; un sentimiento de lo sagrado, de veneración o luminosidad; una sensación de realidad suprema y verdad de pensamiento; el abrazo de las paradojas o la trascendencia de la dualidad, inefabilidad y, sobre todo, la influencia positiva.[1] La experiencia mística es un contacto transformador con la Base del Ser y, aunque está más allá de lo descriptible, da a las personas una apreciación más amplia de la vida. En épocas de cinismo y desesperación son muy valiosas las experiencias que dan a la gente el poder de solucionar conflictos y elegir la vida. Quería que mis pinturas encuadraran visualmente el espectro de la conciencia desde la percepción material hasta el pensamiento espiritual, y que funcionaran, dentro de lo posible, como simbólicas puertas de entrada a la dimensión mística.

Espejos Sagrados es una serie de veintiún cuadros —diecinueve pinturas y dos espejos— que examinan en detalle la fisiología humana y la anatomía metafísica. Cada cuadro mide 1.15 por 2.10 mts. y presenta una figura de tamaño natural que se enfrenta directamente al público con los brazos a los lados y las palmas de las manos hacia delante. El formato de estos cuadros permite al público permanecer ante las figuras pintadas y "reflejar" la imagen. Así, tiene lugar una resonancia entre el cuerpo del espectador y la imagen pintada creando la sensación de "ver

ESPEJOS SAGRADOS, detalle de la estructura con espejos emplomados e iluminados

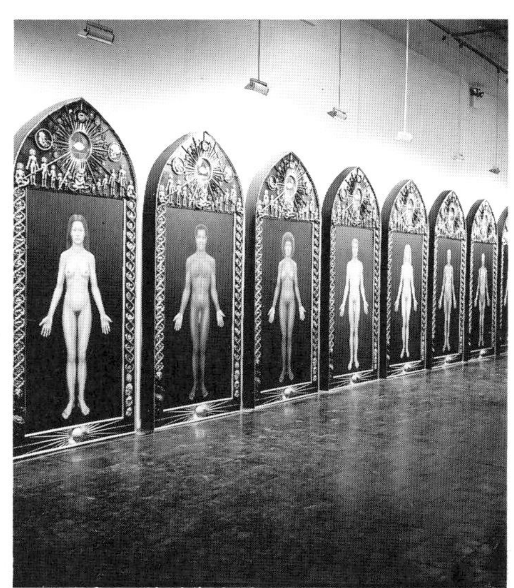

Los Espejos Sagrados en Exhibición
New Museum, Nueva York, 1986

dentro" de uno mismo. Los *Espejos Sagrados* se pueden usar como herramienta para visualizar y enfocar la energía curativa hacia partes particulares del cuerpo físico y metafísico.

Una estructura arqueada de 1.50 por 3.15 mts., diseñada especialmente, enmarca cada cuadro representando una breve "historia del universo" y proporcionando un soporte filosófico desde donde apreciar los *Espejos Sagrados*. Observando de abajo hacia arriba encontramos que en el centro de la parte inferior hay una explosión dorada de rayos simbolizando el Génesis de la luz de Dios y el "Big Bang"; en el lado izquiero se ven las galaxias en rotación, el sistema solar, la Tierra y la espiral de doble hélice del DNA. Dentro de los peldaños de las moléculas del DNA se encuentra la evolución biológica, "el árbol de la vida", representado en diecisiete pasos, desde el alga azul verdoso hasta el primer humano. En el lado derecho, abajo, en perfiles comparativos pueden apreciarse los cerebros del mono, del hombre inferior y del hombre moderno; hacia arriba, una doble hélice de serpientes representando la evolución gira en espiral desde los hemisferios derecho e izquierdo de un cerebro humano internándose cada vez más en el futuro final. Las serpientes son la encarnación de la tentación del árbol de la sabiduría y de las fuerzas opuestas que manejan la evolución de la conciencia, símbolos estructurales de los pasos progresivos de la evolución tecnológica desde la edad de piedra a la era espacial.

"El Ojo de Dios", un cristal iluminado en la parte superior del marco, sirve como centro radiante de la rueda de la vida; en los rayos horizontales están equilibrados el nacimiento (feto) y la muerte (calavera), y en el rayo vertical inferior la unión de los opuestos se expresa en una pareja de amantes abrazados; al lado de cada uno de los amantes están representadas las etapas de la vida, desde la infancia hasta la vejez. Un hombre y una mujer ancianos están sentados tomando en sus manos el futuro de la evolución biológica y tecnológica.

Bajo el vértice la estructura contiene un emblema original llamado "Espiral de la Unidad Polar". Este símbolo lo desarrollé a partir de una visión psicodélica en la cual experimenté el canal del renacimiento espiritual como si fuera un túnel dentro de mi cabeza dando vueltas constantemente en espiral desde la oscuridad a la luz; experiencias similares a la que acabo de describir pueden encontrarse en la literatura mística, en informes científicos sobre estados alterados de conciencia y en reportes de experiencias cercanas a la muerte.[2]

Rodeando al "Ojo de Dios", vemos los emblemas de algunas de las mayores religiones del mundo en el semicírculo superior, y en el inferior encontramos los símbolos del sendero de la vida: los negocios, la educación, la familia, el arte, la medicina, etcétera.

En cada marco, la esfera de luz en el centro inferior (Génesis), "El Ojo de Dios" en el centro superior y el arco gótico apuntando hacia el cielo, determinan el *axis mundi* (eje espiritual), tema que se repite de diferentes formas a través de toda la serie *Espejos Sagrados*. El *axis mundi*, o árbol universal, crece en el mundo físico desde sus raíces hacia arriba, hacia adentro y hacia los más altos estados de conciencia. La ramificación infinitamente compleja de las neuronas en el neocórtex del *Sistema nervioso* humano, desarrollada durante billones de años de evolución, es un ejemplo de ramificación similar a la del árbol. Los chakras del yoga en el *Sistema de energía vital* y en el *Sistema de energía psíquica* transmiten el material del progreso espiritual. El *Sistema de energía psíquica* también incluye las estaciones del árbol de la vida cabalístico que van paralelas a la jerarquía de los chakras.

La serie de veintiún cuadros está dividida en tres secciones iguales que podrían entenderse como cuerpo, mente y espíritu. La progresión completa, desde *Mundo material* hasta *Mundo espiritual* describe un proceso de transformación que va desde el conocimiento del cuerpo hasta la conciencia espiritual.

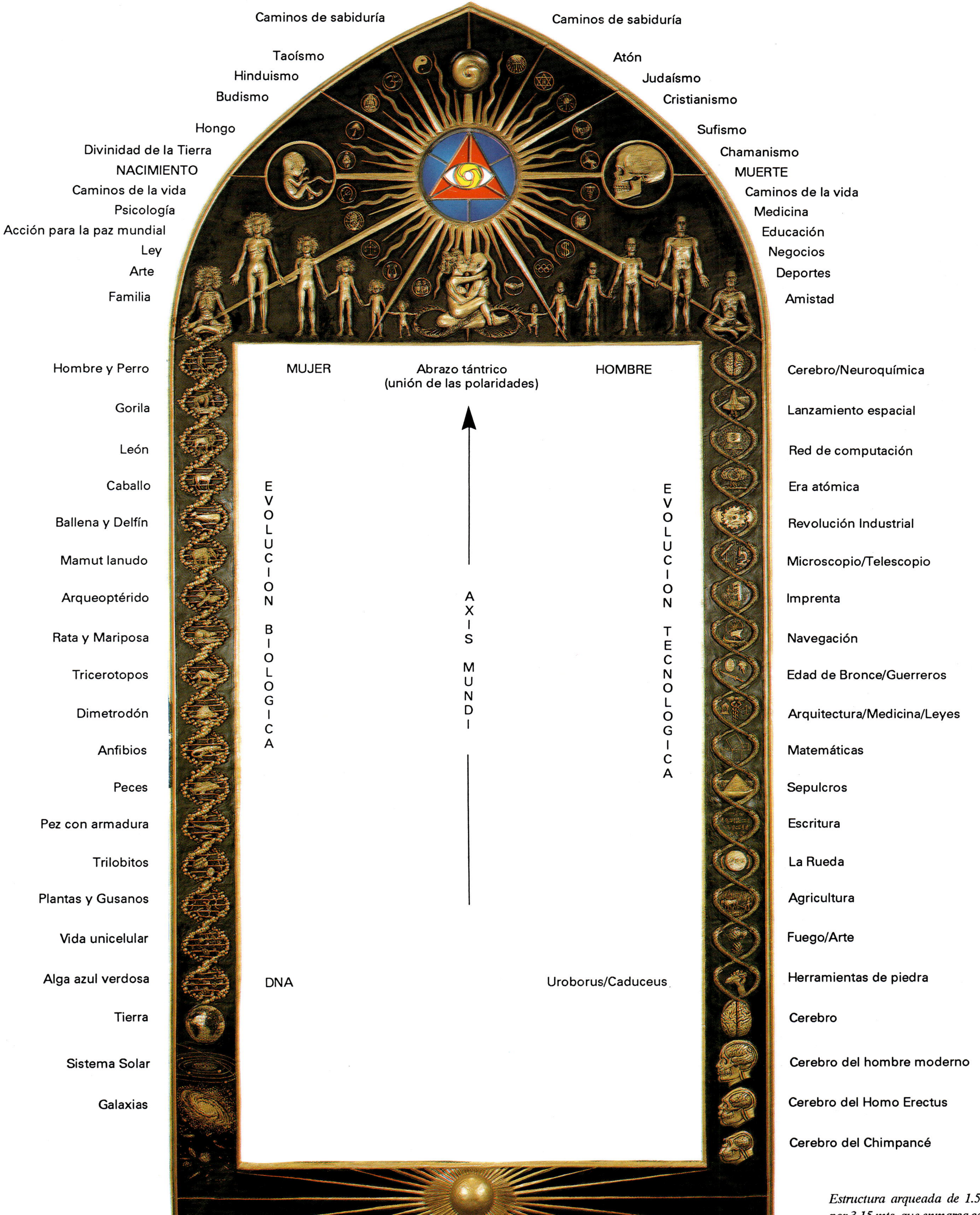

Estructura arqueada de 1.50 por 3.15 mts. que enmarca cada uno de los cuadros que componen la serie ESPEJOS SAGRADOS.

Espejos Sagrados comienza con un cuadro titulado *Mundo material*, que contiene unos 100 espejos cortados realmente al chorro de arena y que ostentan símbolos de todos los elementos conocidos de la tabla periódica. Una red de líneas de plomo une los elementos/espejos a la silueta (también de plomo) de una figura humana. Inscrita profundamente sobre la superficie de la silueta está la compleja composición de los elementos que producen la constitución bioquímica del cuerpo humano. Cuando uno se ve a sí mismo reflejado en el *Mundo material*, la imagen se fractura, se distorsiona y se oscurece completamente en el centro del espejo a causa de la opacidad del cuerpo de plomo.

El *Sistema del esqueleto*, que es el último de nuestros restos físicos, inicia la sección "anatomía". El esqueleto es también el símbolo arquetípico de la muerte. La orden de iniciación de chamanes (de varias culturas) requiere de la contemplación de nuestro propio esqueleto y de nombrar a los huesos en un idioma sagrado para desarrollar la experiencia mística de la muerte y la resurrección. Formado por 206 huesos, el esqueleto provee el andamiaje interior y determina el diseño exterior primario del cuerpo y, como tal, es una pieza magnífica de arquitectura e ingeniería. Las formas de los huesos difieren de acuerdo con la labor que realizan. Los huesos del cráneo, en forma de lámina, protegen el cerebro. La columna vertebral, que contiene la delicada espina dorsal, tiene veintiséis vértebras entrelazadas y separadas por almohadillas amortiguadoras.

El *Sistema nervioso* es el núcleo donde se integran los otros sistemas del cuerpo y es el vehículo de la conciencia. El sistema nervioso recoge todas las impresiones de los sentidos, coordina las acciones y es el canal del sentimiento y el pensamiento. El cerebro humano, semilla y fuente de este sistema, está conformado de trillones de células intrincadamente entretejidas y es lo más complejo y misterioso de lo que la humanidad tenga conocimiento.

Aunque día con día crece más la montaña del conocimiento del sistema nervioso y de la compleja interacción de las células individuales que nos conduce a nuestra experiencia de la conciencia y a un concepto centralizado del ser, nada de esto será entendido jamás desde una perspectiva estrictamente anatómica. La comprensión cerebral del cerebro se semejaría a un perro persiguiendo su propio rabo neuronal; el conocimiento práctico y las teorías se desarrollarán, pero el misterio de la mente permanecerá.

El *Sistema cardiovascular* presenta al corazón —fuente vital de sangre— inmerso en una red de intrincadas cañerías. El sistema cardiovascular lleva alimento y oxígeno a trillones de células a través del cuerpo y desecha la materia sobrante. Consiste de arterias (rojas) que canalizan la sangre fresca oxigenada del corazón, y de venas (azules) que transportan CO_2 y llevan la sangre de regreso al corazón. El corazón bombea la sangre "azul" dentro de los pulmones a través de los diminutos capilares que rodean los alveolos (pequeños sacos de aire) donde se intercambian los gases. Entonces, la sangre reoxigenada es transportada otra vez al corazón para iniciar un nuevo recorrido. El bombeo del corazón hace circular un término medio de seis a siete cuartos de litro de sangre a través del cuerpo unas setenta y dos veces por minuto, lo que aproximadamente significaría dos billones y medio de latidos en el espacio de una vida.

El sistema linfático presenta una red de vasos, nodos y órganos cruciales para la respuesta inmunológica del cuerpo. El sistema inmunológico determina lo que "no es de uno" y trata de expulsarlo. Las células llamadas linfocitos son vitales para localizar y destruir a esos "intrusos" microscópicos producidos por la glándula denominada timo, localizada cerca del corazón. También la víscera bazo es una fuente de linfocitos. Los vasos linfáticos recolectan el "drenaje" de linfocitos y macrófagos de los capilares para modificarlos o devolverlos al sistema vascular a través de venas cercanas al corazón. La nueva ciencia de psiconeuroinmunología estudia la interacción de factores psicológticos tales como el stress con el sistema inmunológico y un convincente grupo de evidencias relacionan varios factores de personalidad con la salud y la enfermedad.

El cuadro *Vísceras* muestra a un hombre sin piel exponiendo el corazón, los pulmones, el estómago, el hígado, los intestinos y el cerebro. El sistema digestivo es un tubo largo que transporta los alimentos a través de un proceso que los descompone en energía y desechos. Los pulmones proporcionan el oxígeno esencial y extraen el dióxido de carbono. El hígado es un gran almacén y procesador que transforma la comida en útiles cadenas de aminoácidos; también protege al cuerpo al recolectar las sustancias tóxicas ingeridas, tratarlas químicamente y depurar lo dañino. La frase: "Hacer de tripas corazón" se refiere a la fortaleza emocional que existe en nuestras "tripas": la ansiedad revuelve los ácidos del estómago y puede hacer nudos en los intestinos; nuestras reacciones intestinales son simplemente los sentimientos más primarios que esgrimimos ante los estímulos.

En *Sistema muscular* vemos a una mujer, fuerte y embarazada, sin piel y con algo así como una ventana abierta que revela un delicado feto de ocho meses. Durante el embarazo los músculos del abdomen se expanden increíblemente, ejemplo arquetípico del poder de transformación del cuerpo. Los músculos ondulan a través del esqueleto y proporcionan las fuerzas de oposición necesarias para el movimiento; conectadas a los huesos por los tendones que pasan a través de las coyunturas, las fibras musculares se contraen o se extienden para producir los movimientos motores. Muchos músculos de formas y tamaños diferentes recubren todo el cuerpo; músculos extremadamente minúsculos producen funciones como la contracción de las arterias o la de los tubos bronquiales. Finalmente, los músculos determinan la apariencia de la superficie corporal.

Cada pintura de esta sección de *Espejos Sagrados* está basada en atlas anatómicos y disecciones reales, y detalla el sistema anatómico con cuidadosa precisión.[3] Aunque totalmente diseccionadas, las figuras están de pie y miran con ojos húmedos, como si estuvieran vivas y sanas. Reflejan nuestra propia mortalidad. Los sistemas internos muestran una experiencia humana profunda y compartida y el milagro de la naturaleza que raramente apreciamos, a menos que dichos sistemas estén trastornados o descubiertos. Las aproximadamente sesenta trillones de células del adulto mueren en una cantidad de 5 millones por segundo siendo reemplazadas constantemente; y el cuerpo, ese sistema insondablemente complejo, es tan sólo nuestro vehículo físico.

La segunda sección de *Espejos Sagrados* corresponde a nuestra función mental y se puede decir que enfoca el nivel más superficial de la mente: las percepciones sociopolíticas condicionadas por nuestros prejuicios y simpatías de acuerdo con las apariencias. La piel, el órgano más grande de la anatomía física, denota nuestra individualidad. Mientras que muchos sistemas internos funcionan de forma similar sin distinción de raza o sexo, la piel hace obvia la diferencia. *Espejos Sagrados* muestra a un hombre y una mujer de las razas caucásica, africana y asiática. El espectador, como miembro de otra raza o sexo, se enfrenta al reto de verse a sí mismo reflejado en los demás para sentir los prejuicios y simpatías según van surgiendo.

El *Sistema de energía psíquica* es el punto crucial de *Espejos Sagrados* porque presenta una visión a manera de rayos X del cuerpo físico y la intercomunicación con los sistemas de energía no-física y psico-espiritual. Además, conduce a la fase siguiente, una compleja variedad de sistemas de energía no-física o esotérica y arquetipos espirituales que podrían denominarse el aspecto metafísico del ser humano.

El *Sistema de energía psíquica* fue creado en base a descripciones hechas por clarividentes y perceptores del aura, de los colores y formas de las auras astrales y etéricas que rodean el cuerpo, de los siete chakras centrales y de la luz blanca dorada de los meridianos y los puntos de acupuntura. De acuerdo a la tradición yoga hindú y al análisis psíquico, existen siete chakras primarios —o ruedas de energía metafísica— localizados a lo largo del eje central del cuerpo. Los chakras comunican las energías del astral con forma de huevo y otros "cuerpos" elevados con la capa de energía etérica que rodea y penetra el cuerpo físico. Los chakras presentan un modelo jerárquico de evolución o desarrollo de la conciencia. El chakra inferior, situado en la región genital, es la fuente de los deseos e impulsos primarios. Hacia arriba, el segundo corresponde a las emociones y a las "reacciones viscerales" y es el punto principal de conexión entre el cuerpo emocional o astral y el físico. El tercero corresponde a la razón y el intelecto y acopla el cuerpo físico al cuerpo mental. Cuando somos adultos jóvenes estos tres chakras están abiertos y en funcionamiento, o sea, canalizando la bio-energía esencial; parece que son propiedades, dadas por Dios, del normal crecimiento humano. El desarrollo de los siguientes cuatro chakras depende del despertar de la conciencia del ser superior, más allá del ego, y conduce más conscientemente hacia el auto-conocimiento y la auto-realización. El chakra del corazón es el canal del amor y proporciona la primera oportunidad que tenemos de llegar a ser transracionales. Un desarrollo positivo del chakra de la garganta canaliza la voluntad divina y la más alta autoridad, y representa la capacidad de tener poder de mando. El tercer ojo nos abre una visión creativa espiritual; es también el túnel del chakra superior. La apertura del chakra superior es la meta del yoga, la experiencia de la unión del Ser con Dios.

El azul púrpura fue elegido como color dominante para el *Sistema de energía psíquica* porque —de acuerdo con el renombrado clarividente C.W. Leadbeater y otros— representa la alta espiritualidad. El cuerpo entero está inmerso e interpenetrado por una red de energía que representa el *prana*, o éter vital, una de las energías preservadoras que proporcionan vida y que han sido reconocidas tanto por las tradiciones ocultistas espirituales occidentales como por las orientales. Aunque anteriormente estos sutiles sistemas han sido imposible de verificar mediante estudios concretos, en los años recientes científicos de Japón, Estados Unidos y la URSS están trabajando en equipo con psíquicos y han ideado instrumentos y experimentos capaces de monitorear algunas de estas energías.[4]

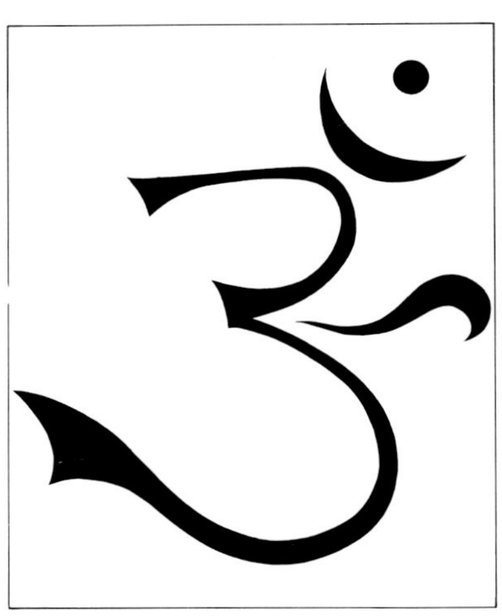

OM
Semilla-sílaba mántrica sánscrita

Los símbolos hebreos localizados en el *Sistema de energía psíquica* representan la Cabala, el árbol cosmológico de la vida del misticismo judaico. Al árbol cabalístico, cuando está acorde con el cuerpo humano, se lo conoce como Adam Kadmon o el primer hombre, y denota la emanación del mundo espiritual más elevado desde arriba, en la cabeza, hasta abajo a través del mundo físico, en los pies. Los símbolos representan atributos divinos tales como sabiduría, gracia, juicio y belleza. Dentro de los siete chakras —que presentan un espectro similar de lo espiritual a lo físico— están los símbolos sánscritos que indican los sonidos y significados de cada centro de energía, de acuerdo con la tradición hindú; por ejemplo, el "loto de mil pétalos" —el centro superior localizado sobre la coronilla— contiene el emblema mántrico *Om*, la resonancia mántrica primordial de lo infinito y lo eterno.

El *Sistema de energía espiritual* es una imagen de conciencia superior. El cuerpo se ha convertido en un canal permeable para la circulación de las omni-presentes energías finas y sutiles de la conciencia espiritual que interpenetran a uno mismo y su entorno. Las líneas paralelas de la emanación de fuerza a través del cuerpo se extienden fuera de la coronilla y, dando la vuelta, bajan hasta los pies creando un flujo circular.

El *Entramado de la mente universal* retrata un nivel avanzado de realidad espiritual que trasciende al cuerpo físico y a todos los objetos materiales. El Ser en sí mismo se ve como una célula de energía circular, una fuente de conciencia dentro de una red infinita y omnidireccional de células similares. El Ser se distingue de todas las demás células y, al mismo tiempo, está en completa unión con todos los centros de energía de la red. Las células que lo circundan representan la fuente de energía de todos los demás seres y cosas. La energía del *Entramado de la mente universal* es amor. La red unificada de cuerpos de energía representados en la pintura se podría llamar El Cuerpo de Dios, el Atman en el Brahmán, o la fábrica del ser, más allá del espacio y del tiempo.

La última sección de *Espejos Sagrados* presenta el reino espiritual a través de algunos de los arquetipos del mundo religioso. El *Vacío/Luz clara* es un estado perfecto no-dual del ser que es ilimitado, definitivo e indescriptible. Para retratar lo indescriptible ideé un fondo negro iluminado por un tenue rayo de luz enmarcado a los costados por las representaciones de influencia tibetana de los cinco elementos: el fuego, el agua, la tierra, el aire y el espacio. A nivel ocular es el monograma tibetano budista de Kalachakra. Kalachakra es el nombre de un tantra específico impartido durante siglos en el Tibet. Este símbolo representa las 84,000 enseñanzas budistas de iluminación y los cinco elementos transmutados por el principio de Sunyata, la plenitud de todas las formas. Esta plenitud es la Base de todo Ser y el potencial de todos los mundos.

En la tradición budista del Hinayana (vehículo menor), Arhat es aquel que no hace daño a nadie, reprime sus pasiones, alcanza la trascendencia del Vacío/Luz clara y se sale fuera de la rueda del sufrimiento y el renacimiento. En la tradición Mahayana (vehículo mayor), Bodhisattva, "el que está iluminado", ha alcanzado el estado superior y hace votos por regresar a la comunidad para ayudar a aliviar los sufrimientos, traer bienes y lograr finalmente la Liberación de todo ser. Estos dos senderos budistas explican la transición en los *Espejos Sagrados* desde el Vacío/Luz clara hasta la incorporación radiante de la sabiduría y la compasión.

Avalokitesvara es el principal arquetipo del budismo tibetano y representa al Gran Bodhisattva como una manifestación tántrica de la compasión activa. La oración mántrica más popular en el Tibet, "*Om Mani Padme Hum*" (Salve a la Joya del Loto), está dedicada a Avalokitesvara, también conocido como "el portador del loto". El loto es la vida de uno o el mundo que, mediante la transformación, se hace igual al loto. La joya es la iluminación preciosa de la mente. Se dice que cuando Buda vio el sufrimiento del mundo humano extendió mil manos y brazos para ayudar, y que cada palma contenía un ojo de visión despejada.[5] Desde la perspectiva no-dual del iluminado, Nirvana y Samsara (el vacío y la compasión activa) se reconocen como aspectos igualmente sagrados del todo. El nombre Avalokitesvara se puede interpretar también como "El Señor que ve en su interior", que aporta la enseñanza última de que todos los seres de todos los reinos —desde el infierno, pasando por el humano y llegando hasta el angelical— tienen la naturaleza de Buda. El Dalai Lama se reconoce como la manifestación terrenal de Avalokitesvara.

En mi pintura muestro tres formas (Trikaya) de la manifestación de Buda. Primero en el mundo físico, o el "reino Nirmanakaha", es el Gautama Buda en la parte inferior derecha, rodeado por discípulos o monjes y las tres personas que inspiran las preguntas del Príncipe Gautama: un enfermo, un viejo y un muerto. El segundo nivel (a la izquierda) en el Sambhogakaya, el reino luminoso tántrico donde aparece Tara Verde, la consorte de Avalokitesvara, la protectora misericordiosa del Tibet. El aspecto aterrorizante del Buda de conocimiento trascendental (extremo derecha) está representando a Dharma protegiendo a Vajravhaivara en yam yub (copulación divina) cuya ira es tan total que incluso se destruye a sí mismo. El tercer reino de la manifestación de Buda es el Charmakaya, que es la esencia universal omnipresente de Buda y el último estado de claridad y plenitud, representado por incontables Budas dorados, cada uno con un mudra tántrico o un gesto de manos simbólico.

Cristo fue uno de los primeros maestros espirituales de Occidente en dejar claro y activar la verdad esencial de que era (somos) "El Verbo hecho carne", un canal directo del amor y la energía curativa de Dios. "Yo soy la luz del mundo", dijo. En *Espejos Sagrados* se muestra a Cristo resucitado, bañado en luz dorada, con dos ángeles: Gabriel (izquierda), que está sujetando un libro en el cual aparece el símbolo de la trinidad, y Miguel (derecha), que esgrime la espada de la compasión sojuzgando al demonio pero sin matarlo. Un fondo llameante de amor infinito circunda al Sagrado Corazón, y dos estrellas de seis puntas giran a cada lado de la cabeza de Cristo como referencia a sus orígenes místicos. Las estrellas de seis puntas simbolizan la unidad primaria del Cielo y la Tierra y al Padre y Madre divinos. De acuerdo con los Evangelios gnósticos, Cristo enseñó que la Divinidad era a la vez masculina y femenina; con ello se refería a su Padre y Madre celestiales (que se han convertido en el Espíritu Santo).

En el texto gnóstico *Hipostasis de los arcontes*, descubierto en Nag Hammadi, la Diosa Sophia pre-existía y dio a luz a un Dios masculino, al que castigó en su arrogancia cuando dijo que no existían otros dioses antes que él. Ella dijo: "Estás equivocado Samael", que significa "Señor de la oscuridad". Y él respondió: "Si existe otro antes de mí, que aparezca". Inmediatamente Sophia (la Sabiduría) estiró su dedo hacia adelante, introdujo la luz en la materia y se fue con ella hacia abajo, hasta dentro de la región del Caos.[6] El cuadro *Sophia* muestra a la Madre-Luz, la presencia vivificadora y guía del principio de la sabiduría. Es la divinidad como conducto gnóstico del renacimiento y la transformación espiritual. Sophia, al acoger a todo el mundo en su nutritivo corazón, aparece aquí como una guía espiritual para los tiempos de crisis que la humanidad está enfrentando actualmente. Su halo, diseñado y pintado por Allyson Grey, simboliza la sabiduría más allá de la comprensión racional. En Sophia la visión y la sabiduría infinitas están unidas como si fueran un solo nivel del ser. Entre sus manos están las manifestaciones inmanentes de la Divinidad, la madre dadora de vida y alimento, y Kali, la madre negra del tiempo, del nacimiento y la muerte.

Al iniciar *Espejos Sagrados* se da la oportunidad al espectador de que pueda verse dentro del espejo fracturado de *Mundo material*, y al finalizar en otro espejo que refleja el *Mundo espiritual* intacto. Esencialmente es un mismo mundo, pero transformado: un mundo de unidad e interrelación. En el centro de *Mundo espiritual* hay un sol radiante localizado aproximadamente donde debe estar el corazón de quien lo observa. De acuerdo a dos de los más viejos Upanishads del misticismo hindú, *Brihadaranyaka* y *Chandogya*, compuestos entre el siglo IX y VI antes de Cristo, "el corazón" es la región donde reside el ser trascendental encarnado. El sol del corazón iluminado irradia una red de luz a través del espacio en el espejo y lo grabado dentro de su centro es el nombre de la fuente de luz y del ser. El espejo final es una invitación a reflexionar sobre uno mismo y los demás así como sobre todo nuestro entorno como un aspecto de Dios, y por lo tanto, sagrado.

La transformación del mundo comienza con la transformación de uno mismo a nivel del propio corazón. Buda y Cristo revelaron la anatomía de la verdad moral y espiritual. Sophia es el principio de esa verdad a corazón abierto. Los arquetipos religiosos implican la cuestión: "Si somos seres espirituales creados fuera de la sustancia divina, ¿cómo sugiere esto que vivimos?" Las enseñanzas del mundo espiritual representan nuestras más altas aspiraciones humanas: una correspondencia con la sabiduría y la compasión trascendental.

Los *Espejos Sagrados* representan una búsqueda multidimensional del Ser. Al Ser se lo reconoce como aquello que delimita, une y dirige los sistemas físico y metafísico. El propósito de *Espejos Sagrados* es reflejar y apreciar la esencia sagrada del ser individual, la unidad de uno con las demás personas y culturas, y su conexión con la Tierra y el Universo. Los *Espejos Sagrados* evidencian que los mundos material y espiritual son sólo reflejos del sagrado espejo interior del Ser, el cual no puede ser descrito, sino sólo comprendido.

Espejos Sagrados — Láminas

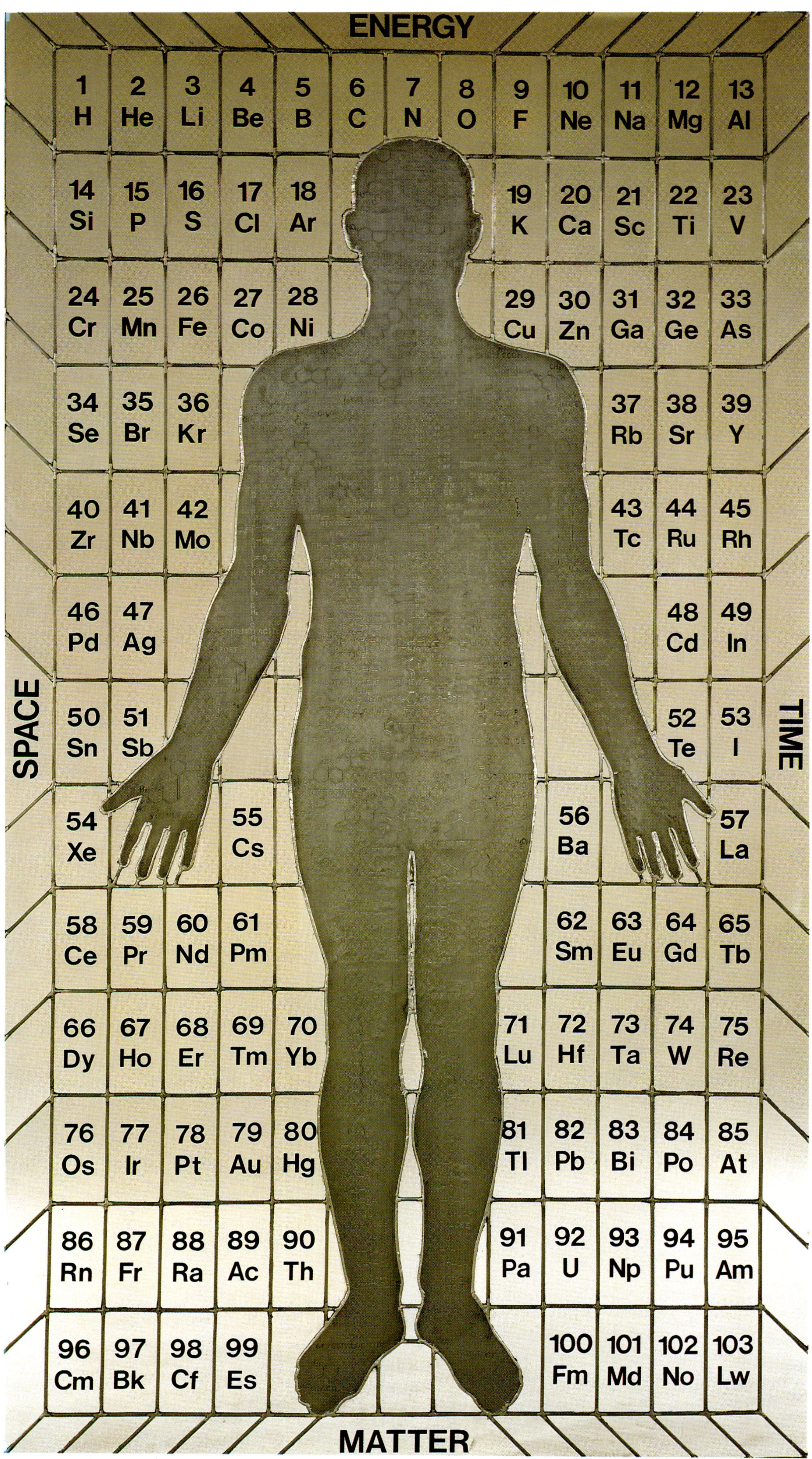

MUNDO MATERIAL
1985-86, SILUETA DE PLOMO
Y ESPEJOS EMPLOMADOS
2.15 x 1.15 mts.

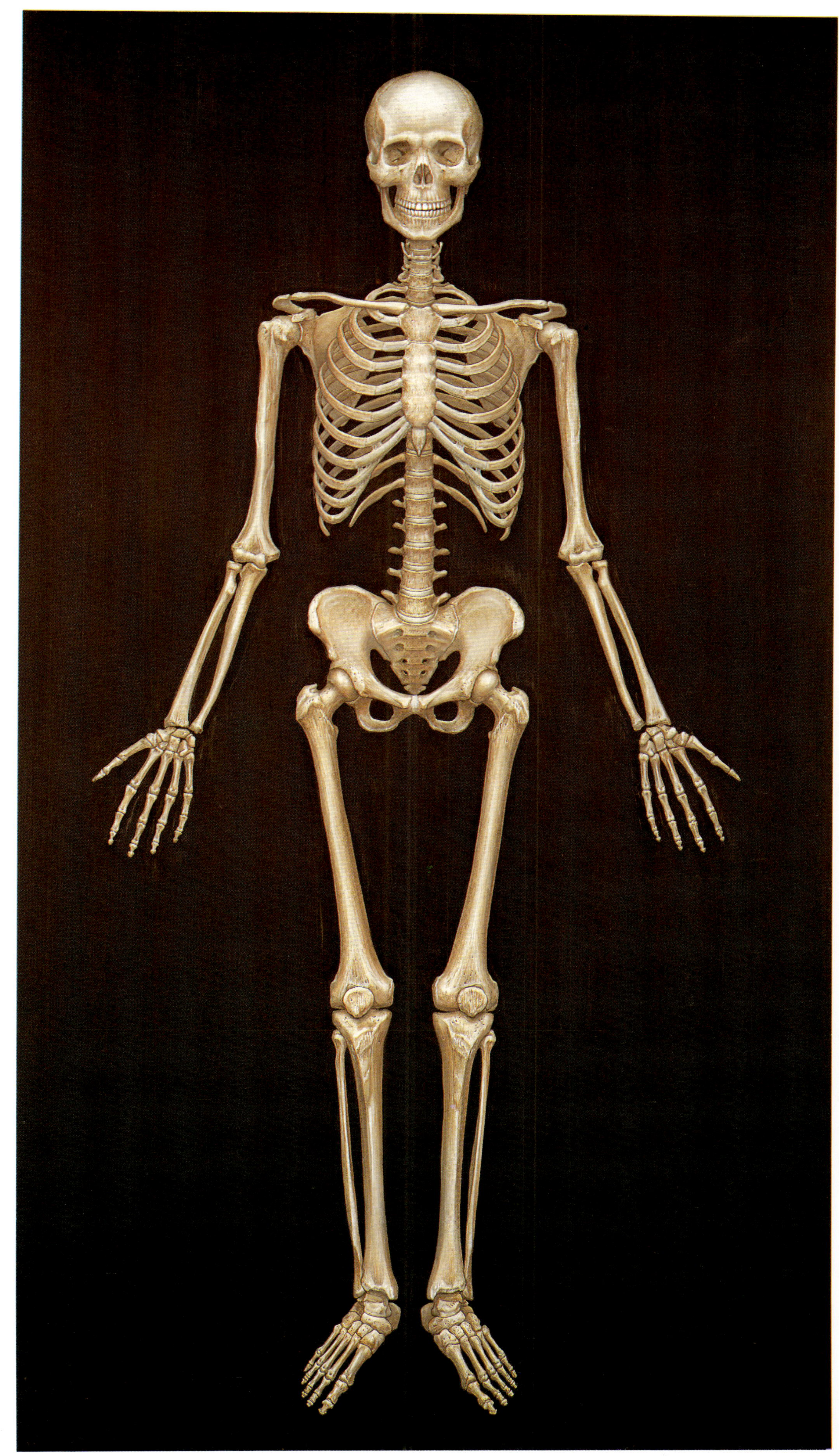

SISTEMA DEL ESQUELETO
1979, OLEO SOBRE TELA
2.15 x 1.15 mts.

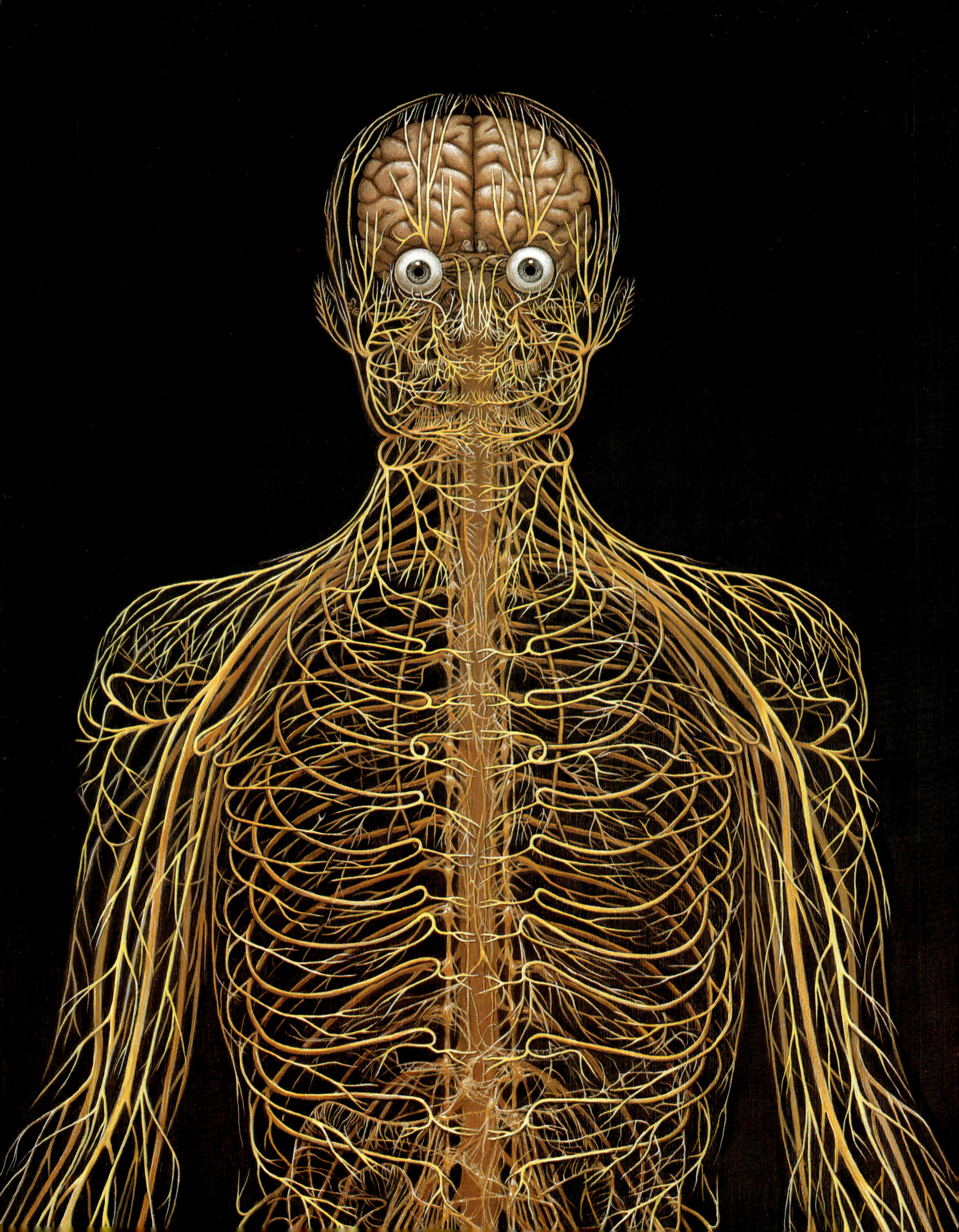

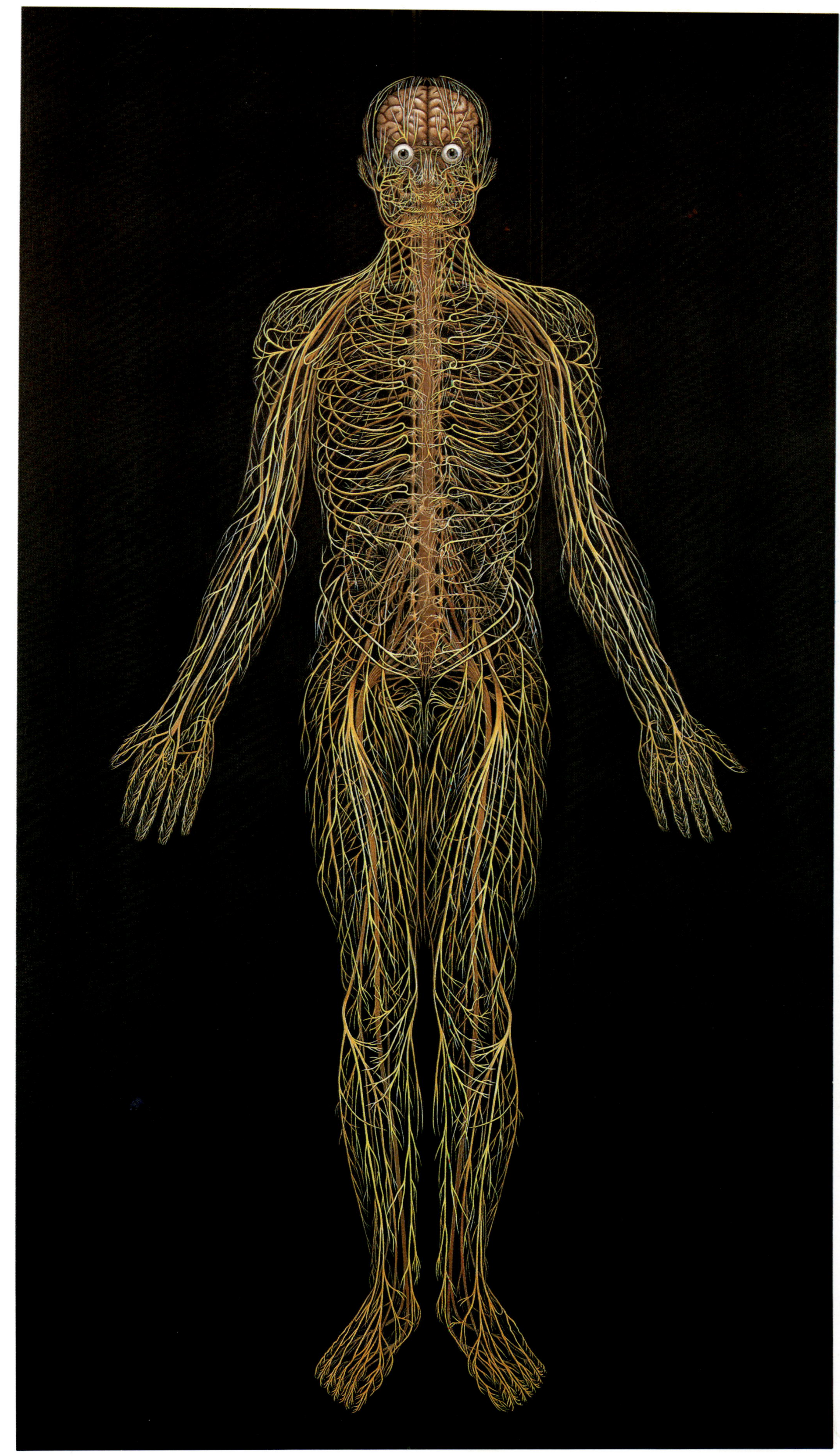

SISTEMA NERVIOSO
1979, OLEO SOBRE TELA
2.15 x 1.15 mts.

◄ SISTEMA NERVIOSO
(DETALLE)

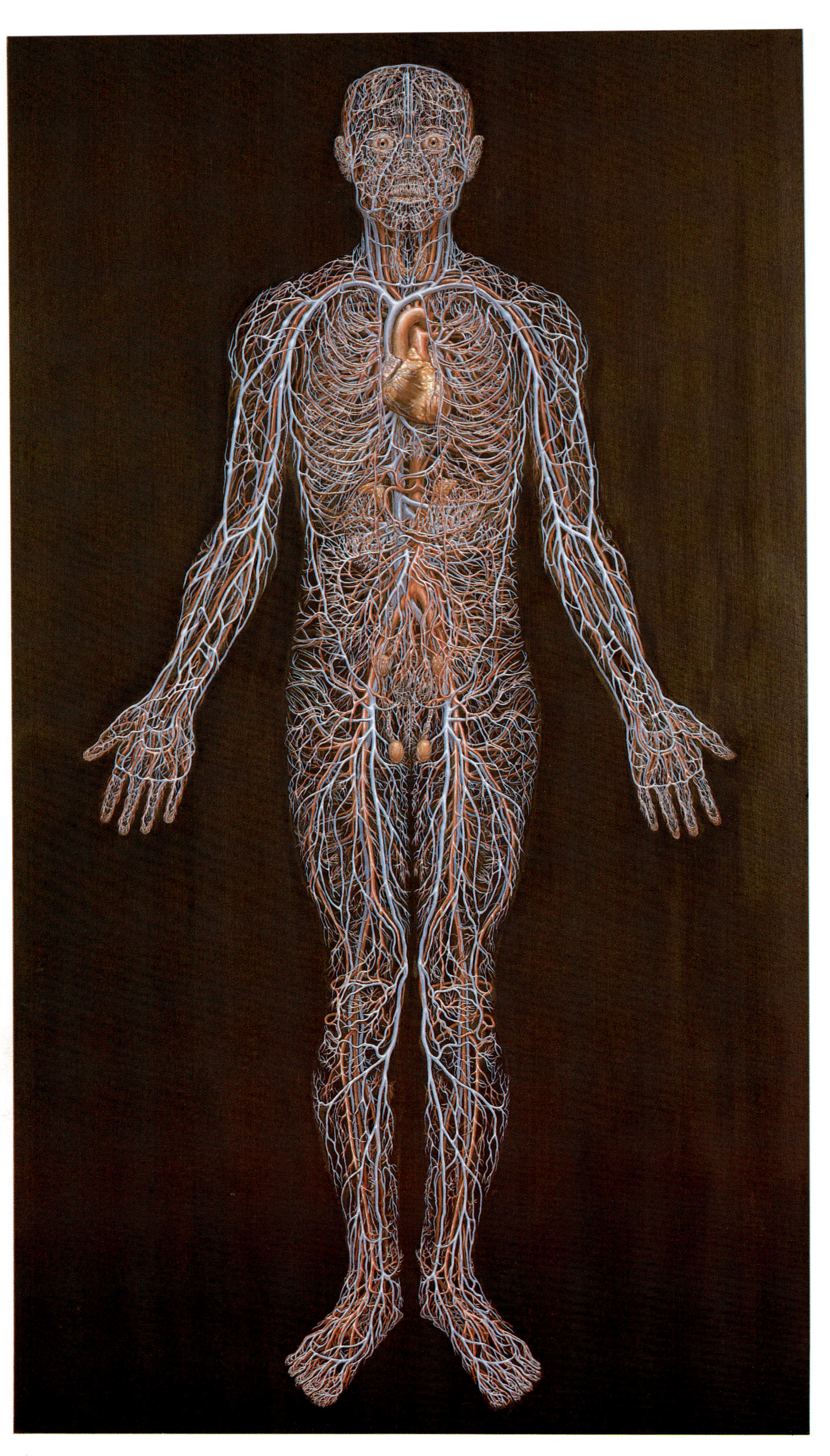

SISTEMA CARDIOVASCULAR
1980, OLEO SOBRE TELA
2.15 x 1.15 mts.

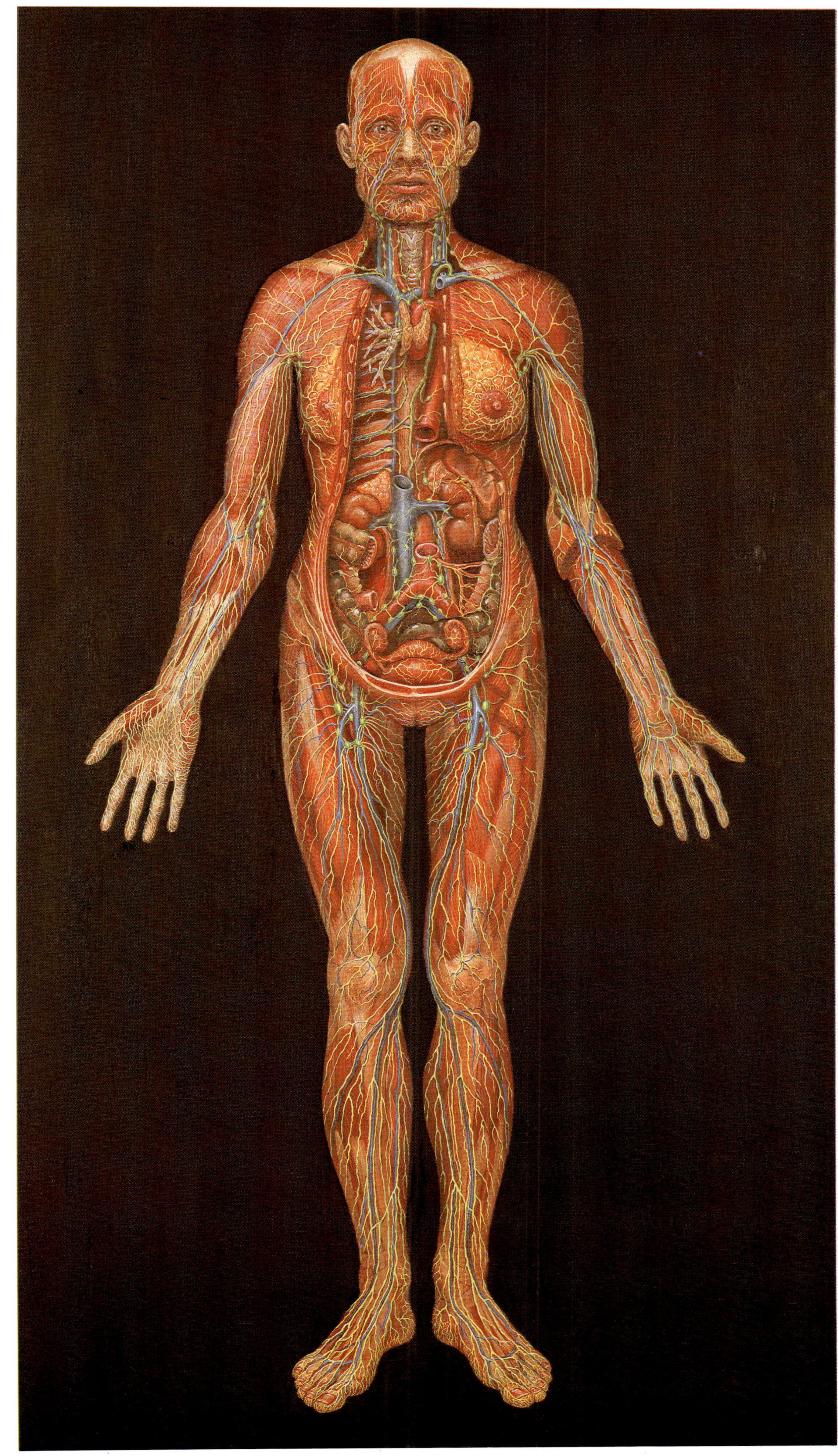

SISTEMA LINFATICO
1985, OLEO SOBRE TELA
2.15 x 1.15 mts.

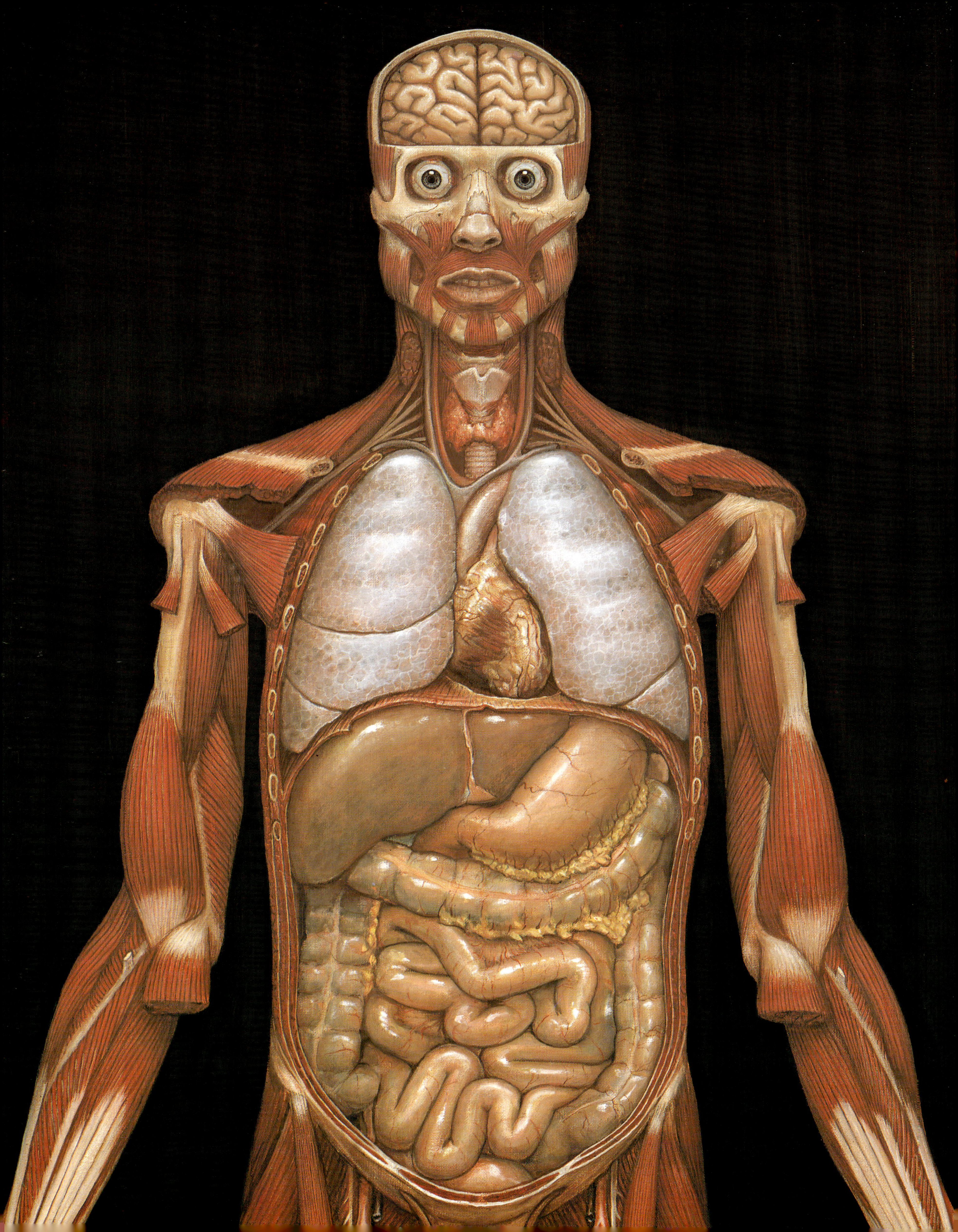

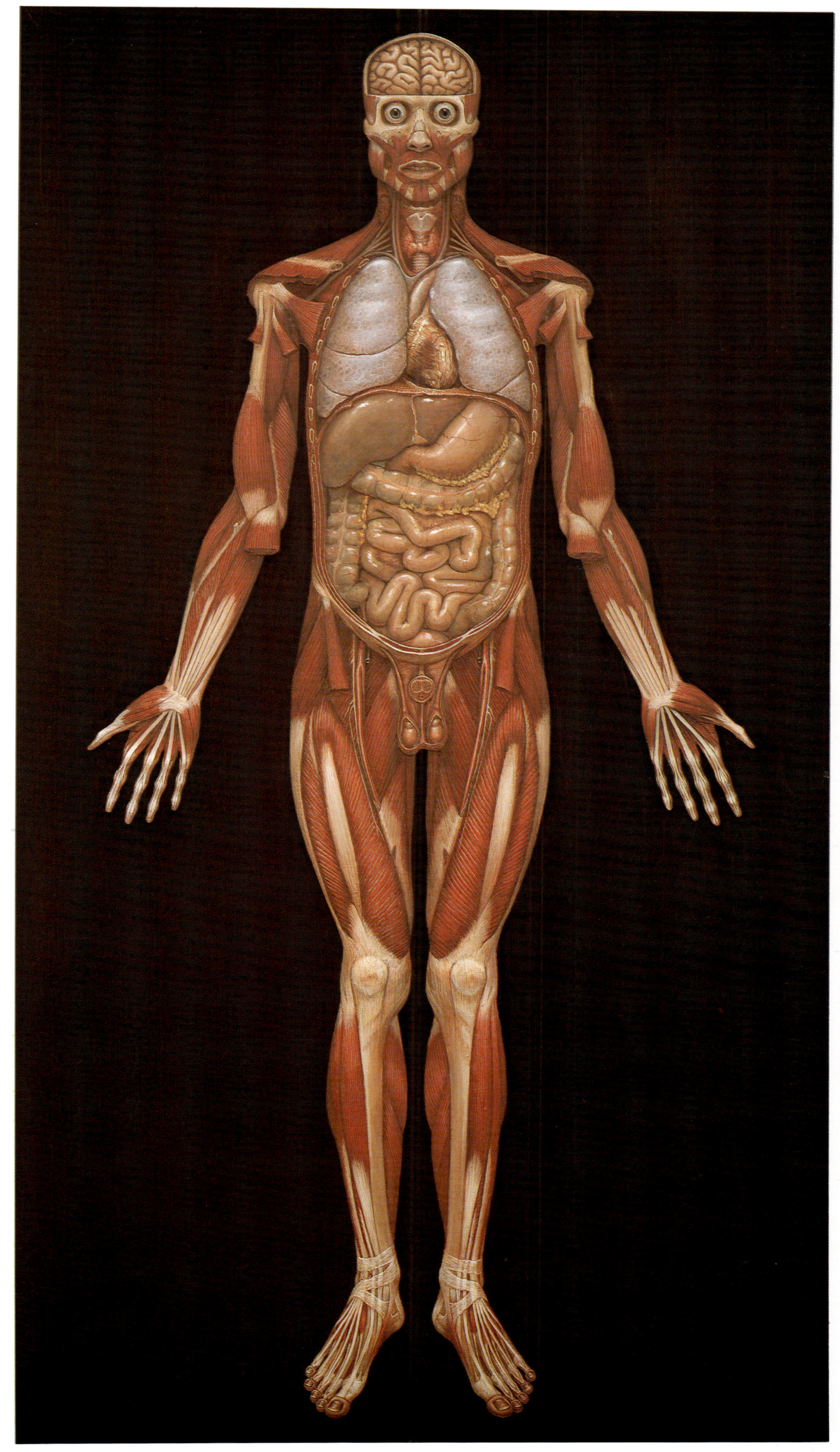

VISCERAS
1979, OLEO SOBRE TELA
2.15 x 1.15 mts.

◄ VISCERAS
(DETALLE)

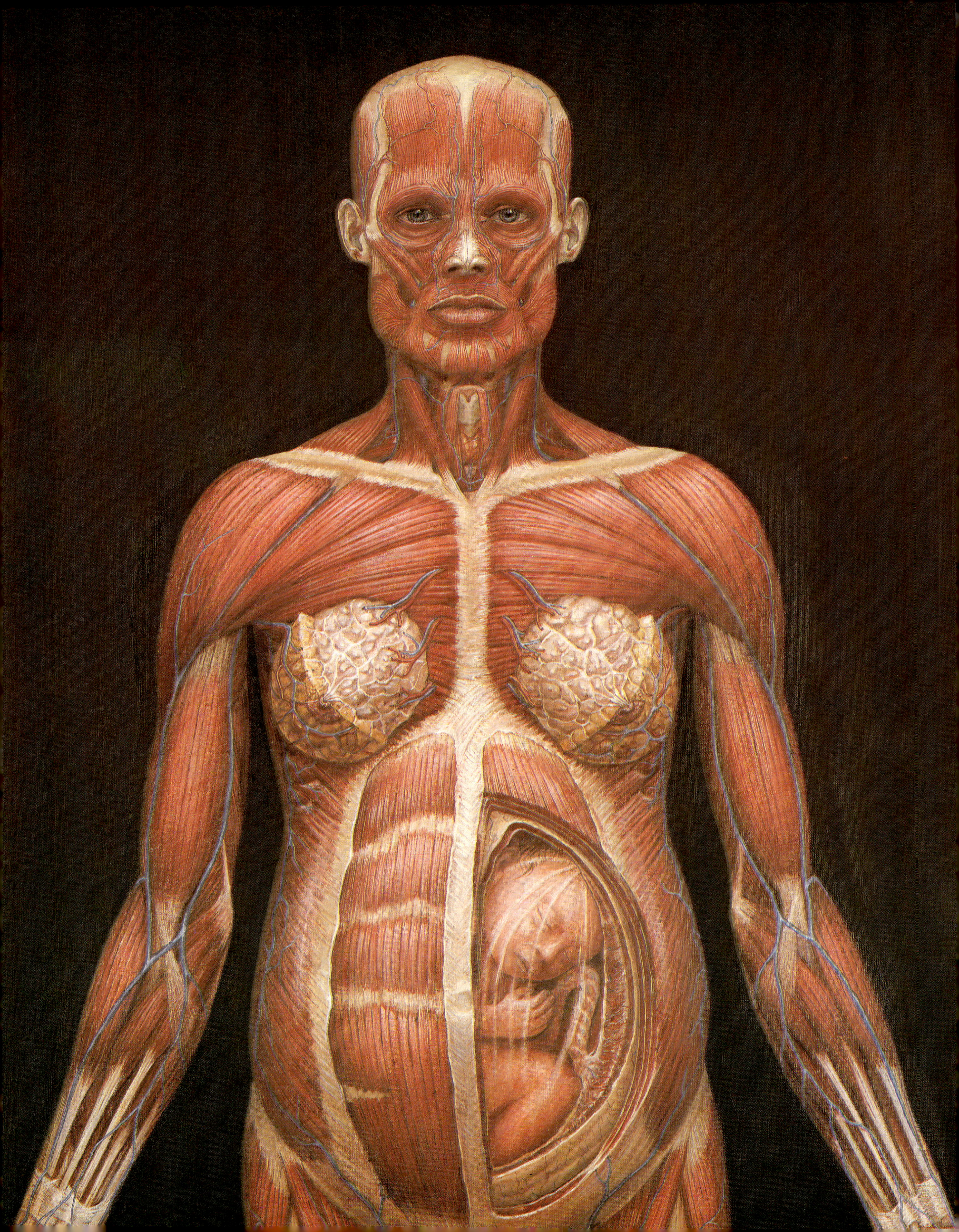

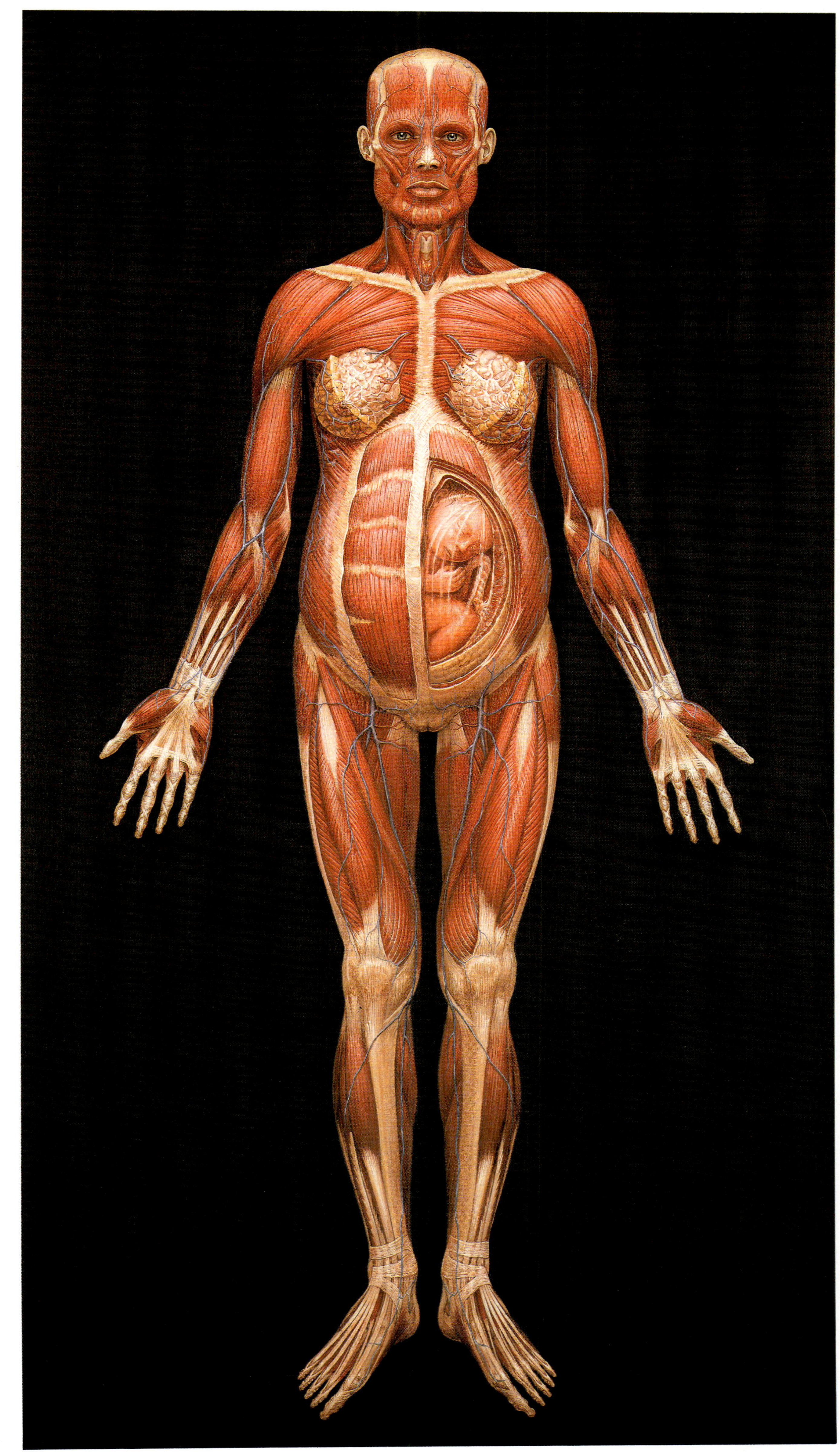

SISTEMA MUSCULAR
(MUJER EMBARAZADA)
1980, OLEO SOBRE TELA
2.15 x 1.15 mts.

◀ SISTEMA MUSCULAR
(DETALLE)

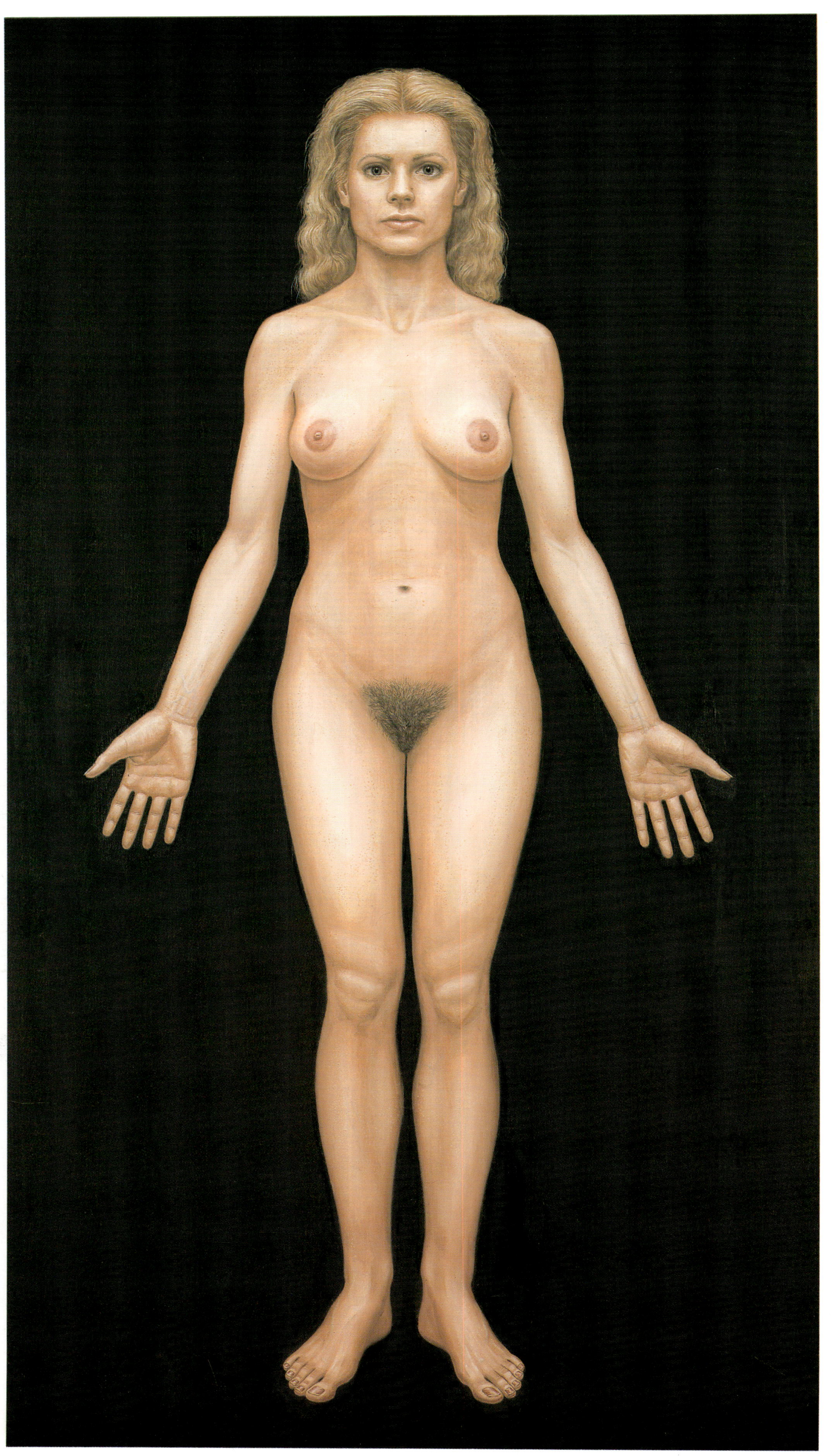

MUJER CAUCASICA
1981, OLEO SOBRE TELA
2.15 x 1.15 mts.

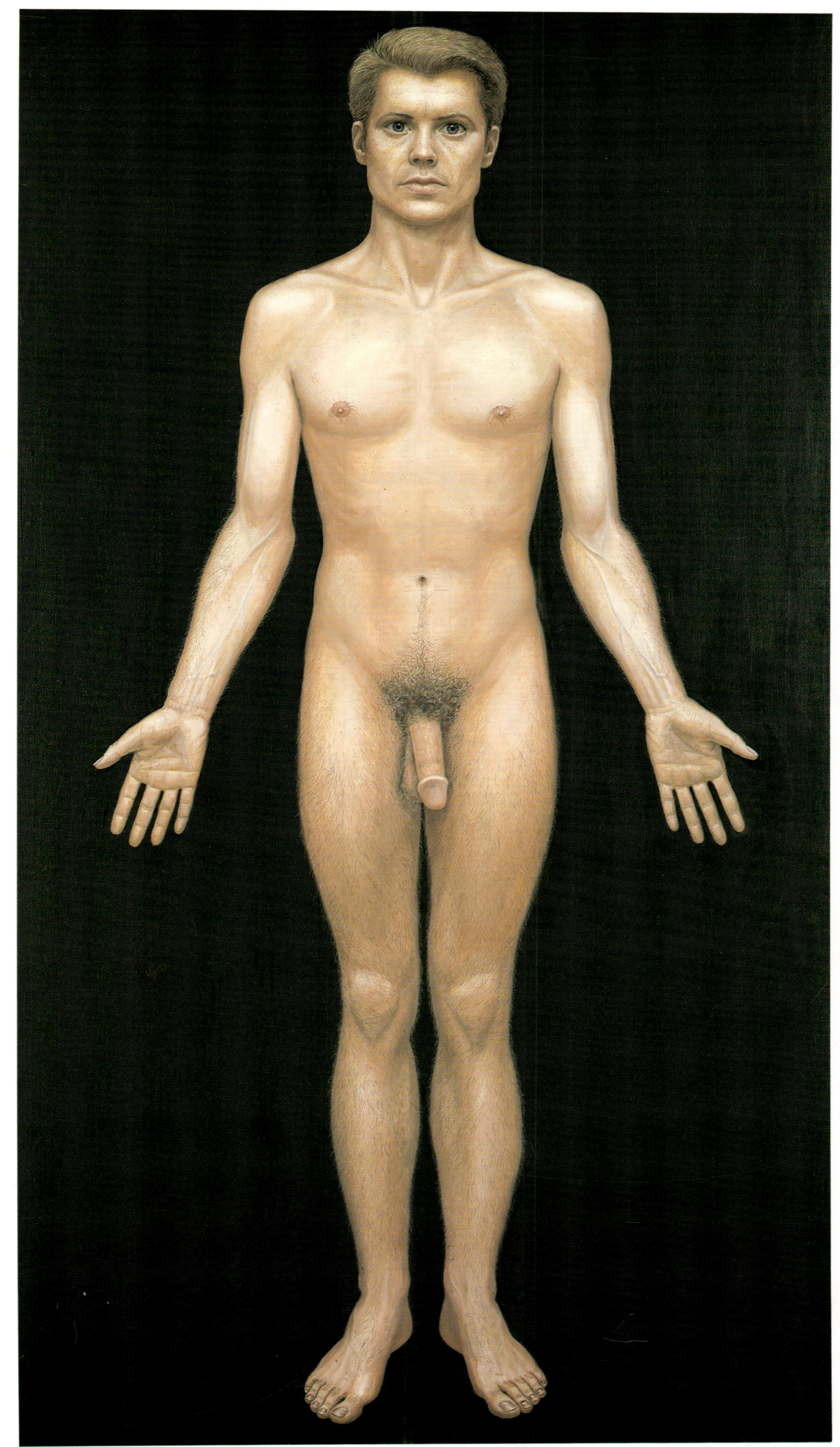

HOMBRE CAUCASICO
1981, OLEO SOBRE TELA
2.15 x 1.15 mts.

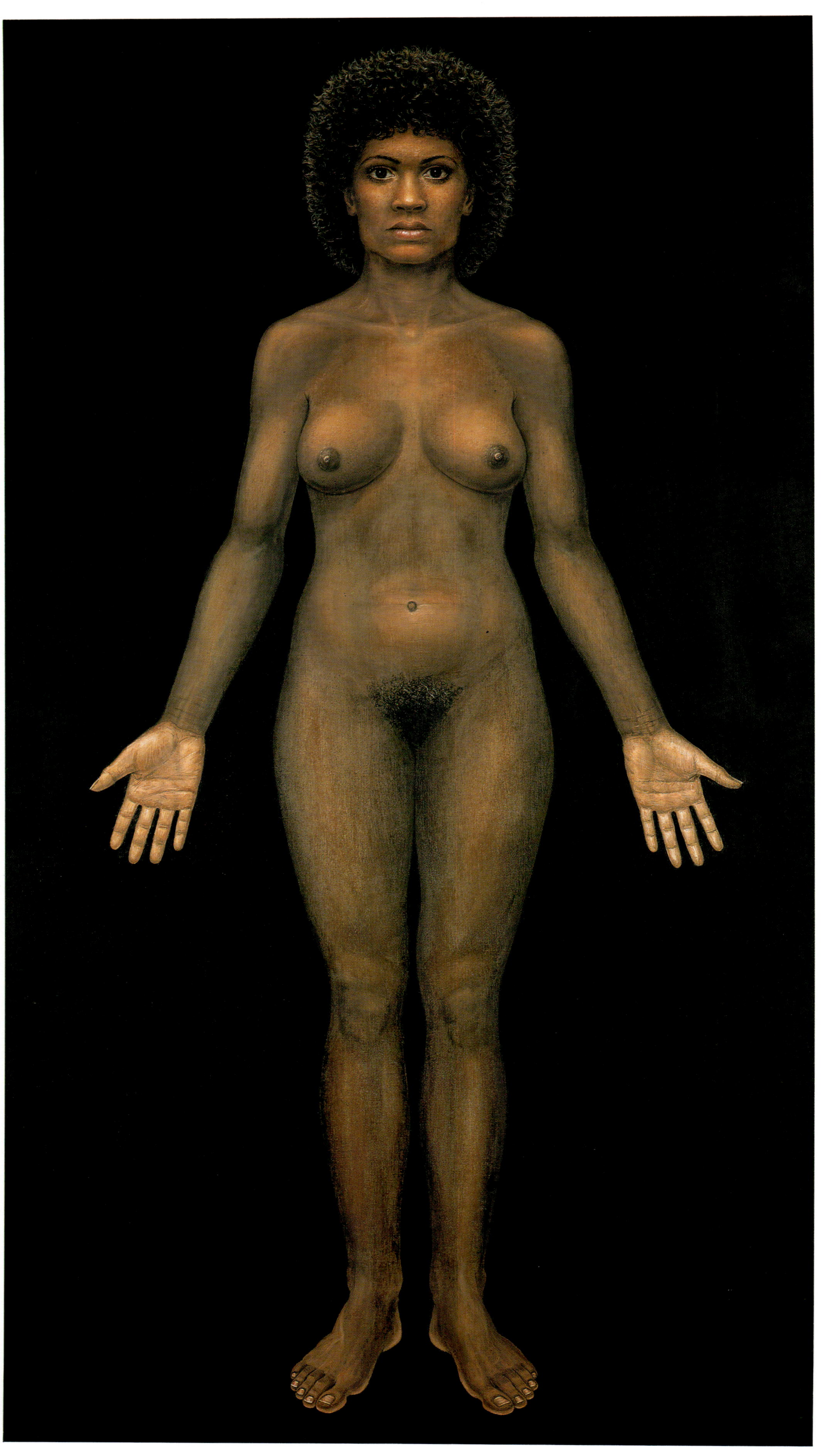

MUJER AFRICANA
1981, OLEO SOBRE TELA
2.15 X 1.15 mts.

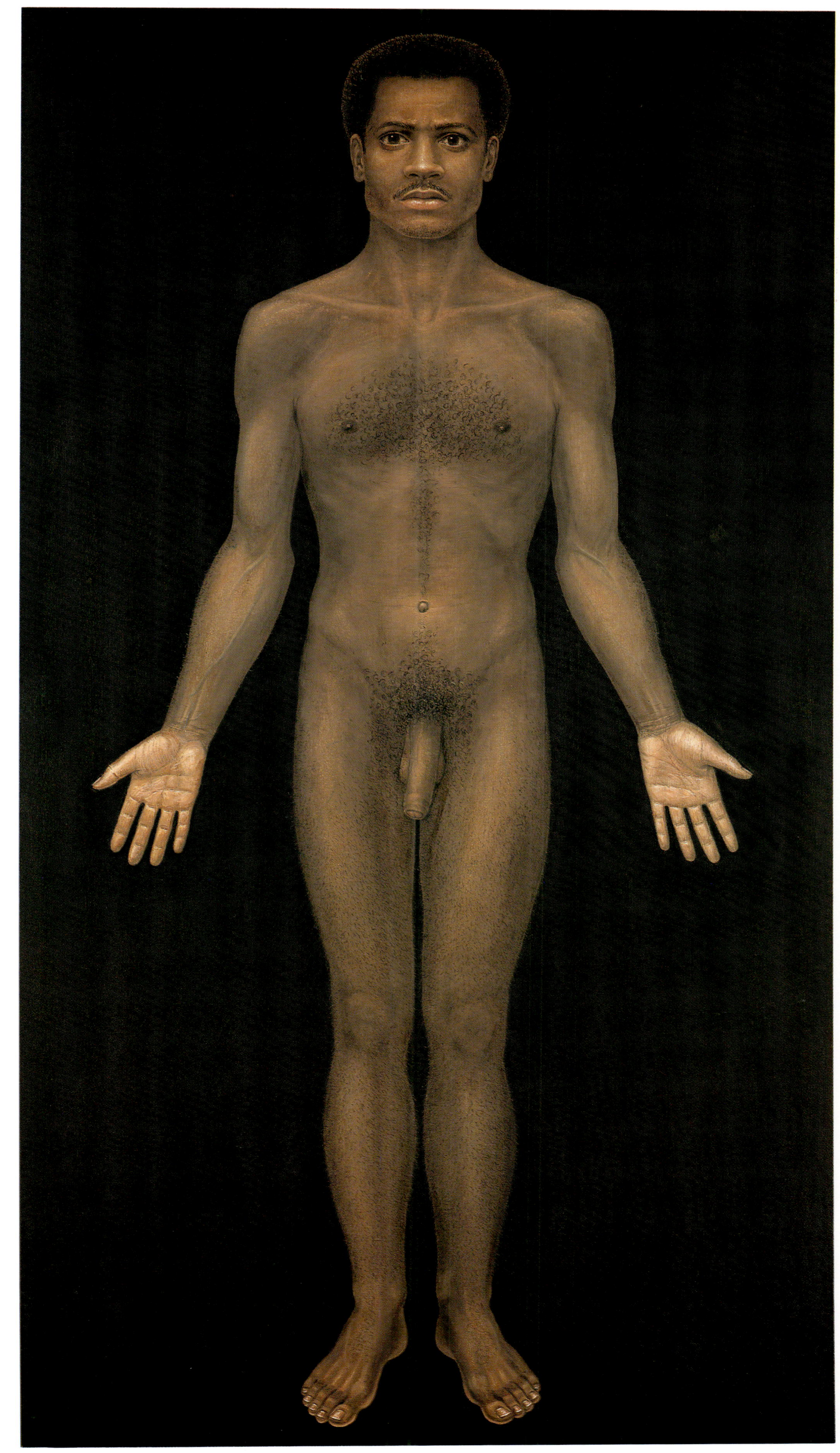

HOMBRE AFRICANO
1981, OLEO SOBRE TELA
2.15 X 1.15 mts.

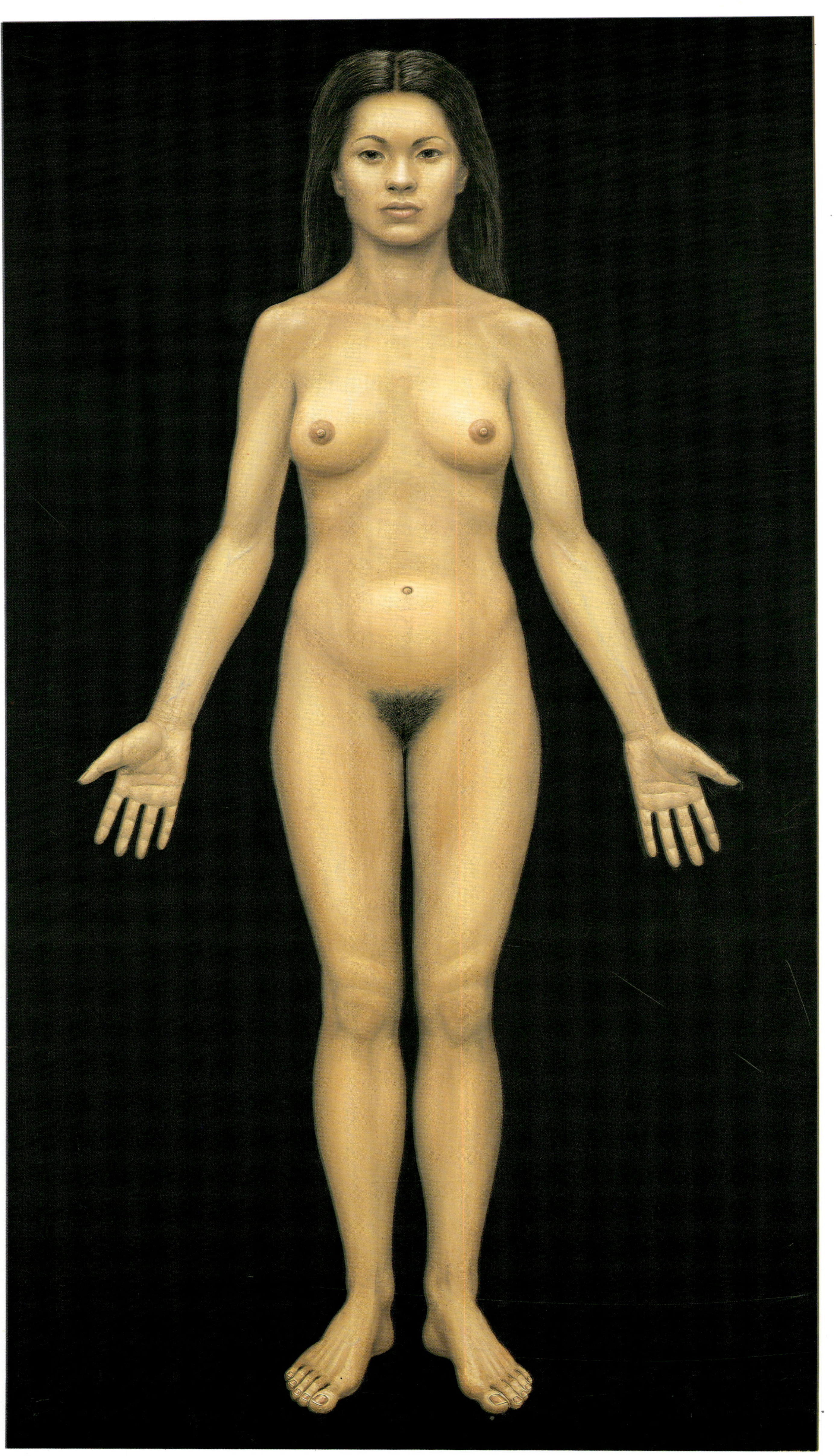

MUJER ASIATICA
1981, OLEO SOBRE TELA
2.15 X 1.15 mts.

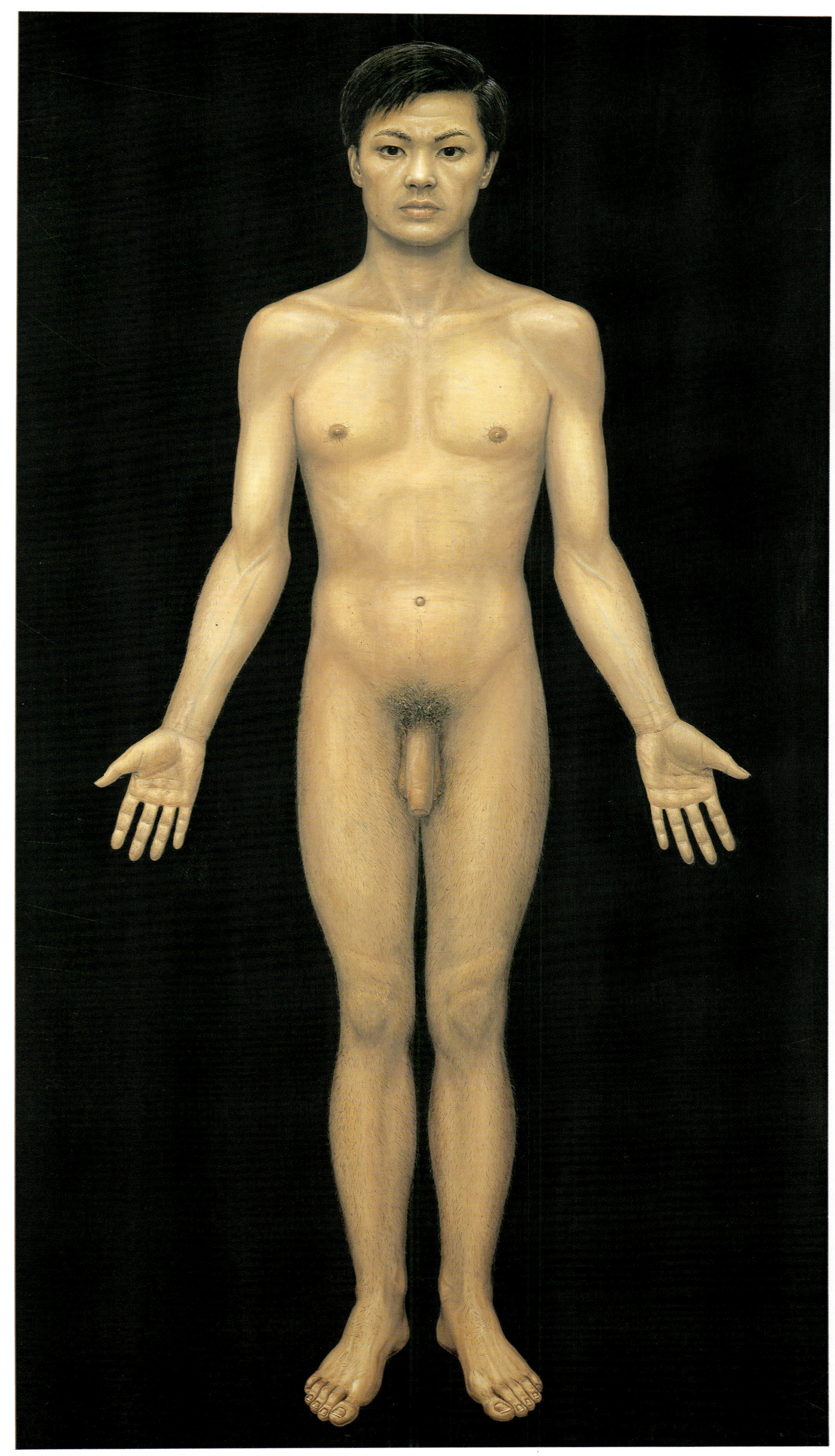

HOMBRE ASIATICO
1981-82, OLEO SOBRE TELA
2.15 X 1.15 mts.

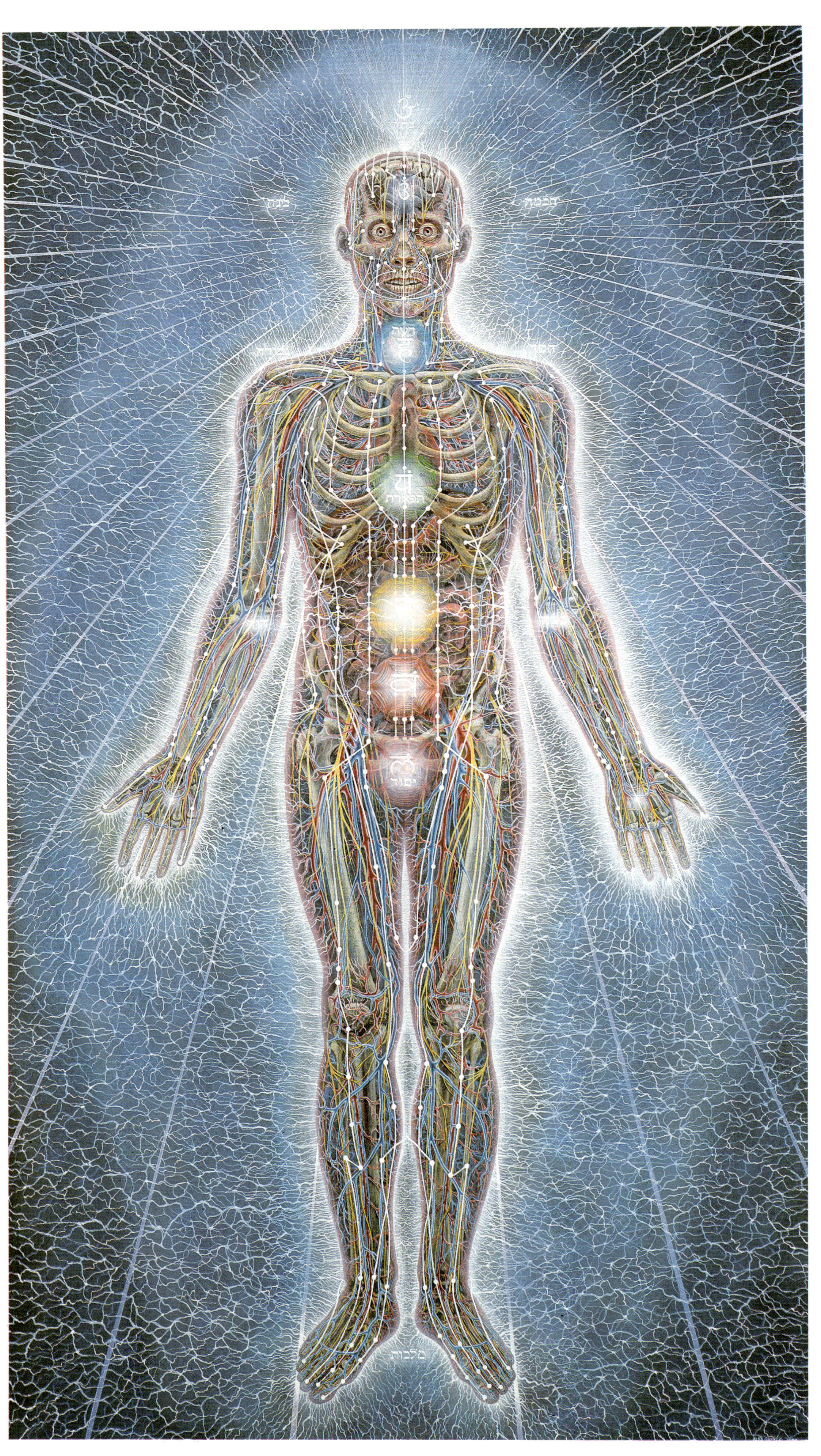

SISTEMA DE ENERGIA PSIQUICA
1980, ACRILICO SOBRE TELA
2.15 x 1.15 mts.

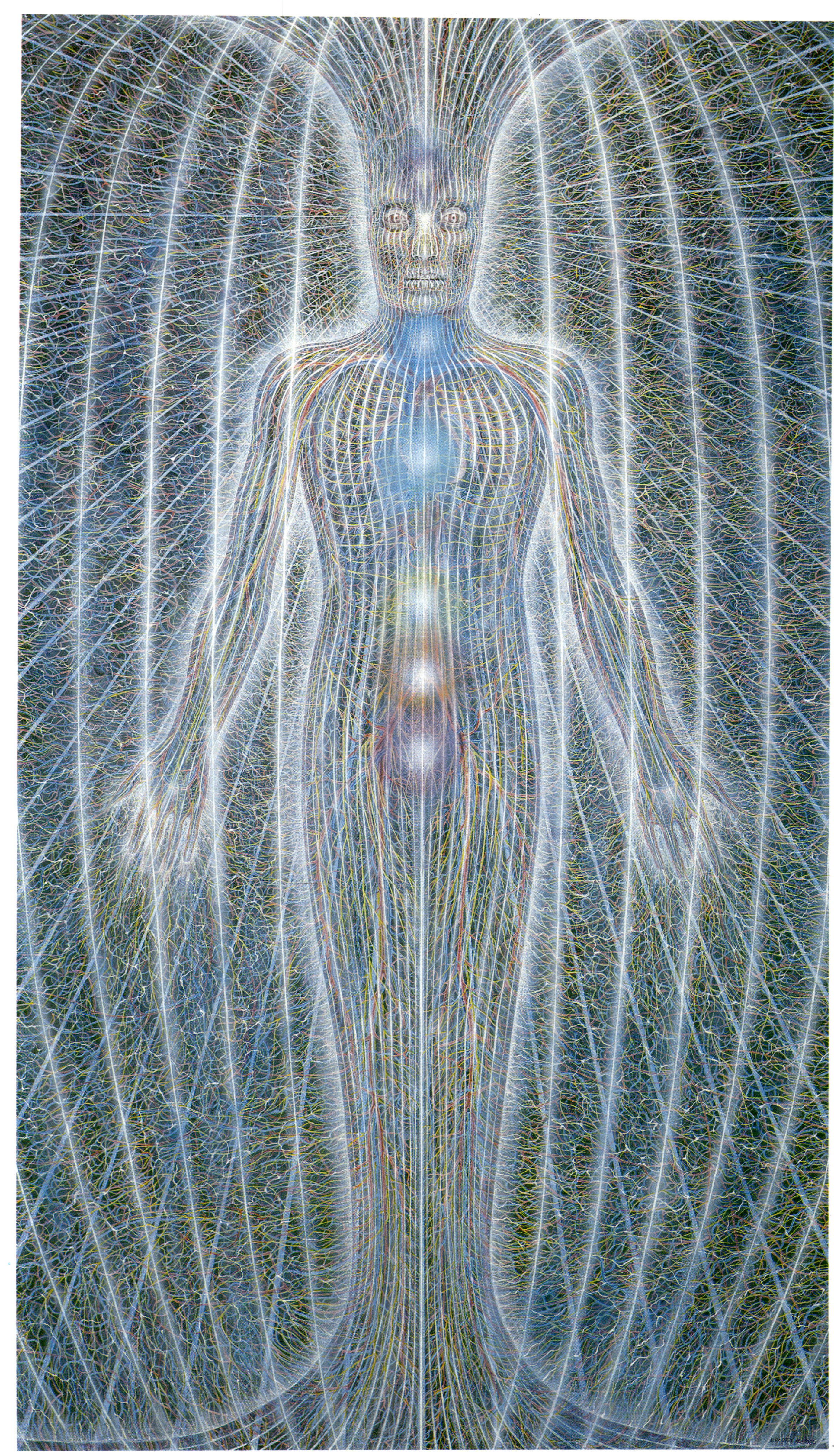

SISTEMA DE ENERGIA ESPIRITUAL
1981, ACRILICO SOBRE LONA
2.15 x 1.15 mts.

Tu propia conciencia, brillante, vacía e inseparable del Gran Cuerpo del Resplandor, no tiene ni nacimiento ni muerte y es la Luz inmutable e Ilimitada.

Padmasambhava, LIBRO TIBETANO DE LOS MUERTOS

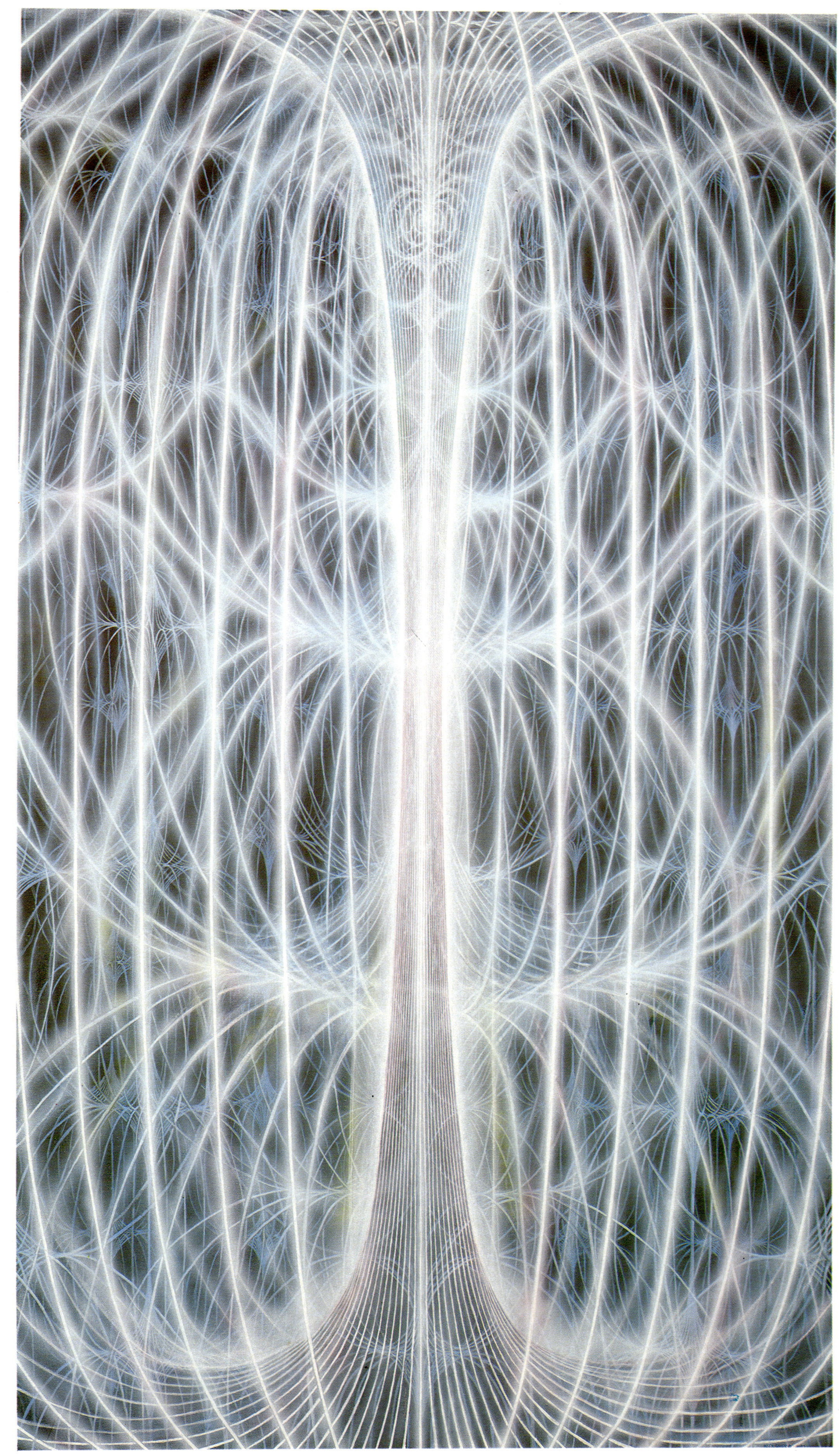

ENTRAMADO DE
LA MENTE UNIVERSAL
1981, ACRILICO SOBRE LONA
2.15 x 1.15 mts.

Aunque se digan palabras para explicar el Vacío,
el Vacío como tal nunca podrá ser expresado.
Aunque digamos "La Mente es una luz brillante",
está más allá de todas las palabras y símbolos.
Aunque la mente es en esencia vacío,
abraza y contiene todas las cosas.

Tilopa, CANTO DE MAHAMUDRA

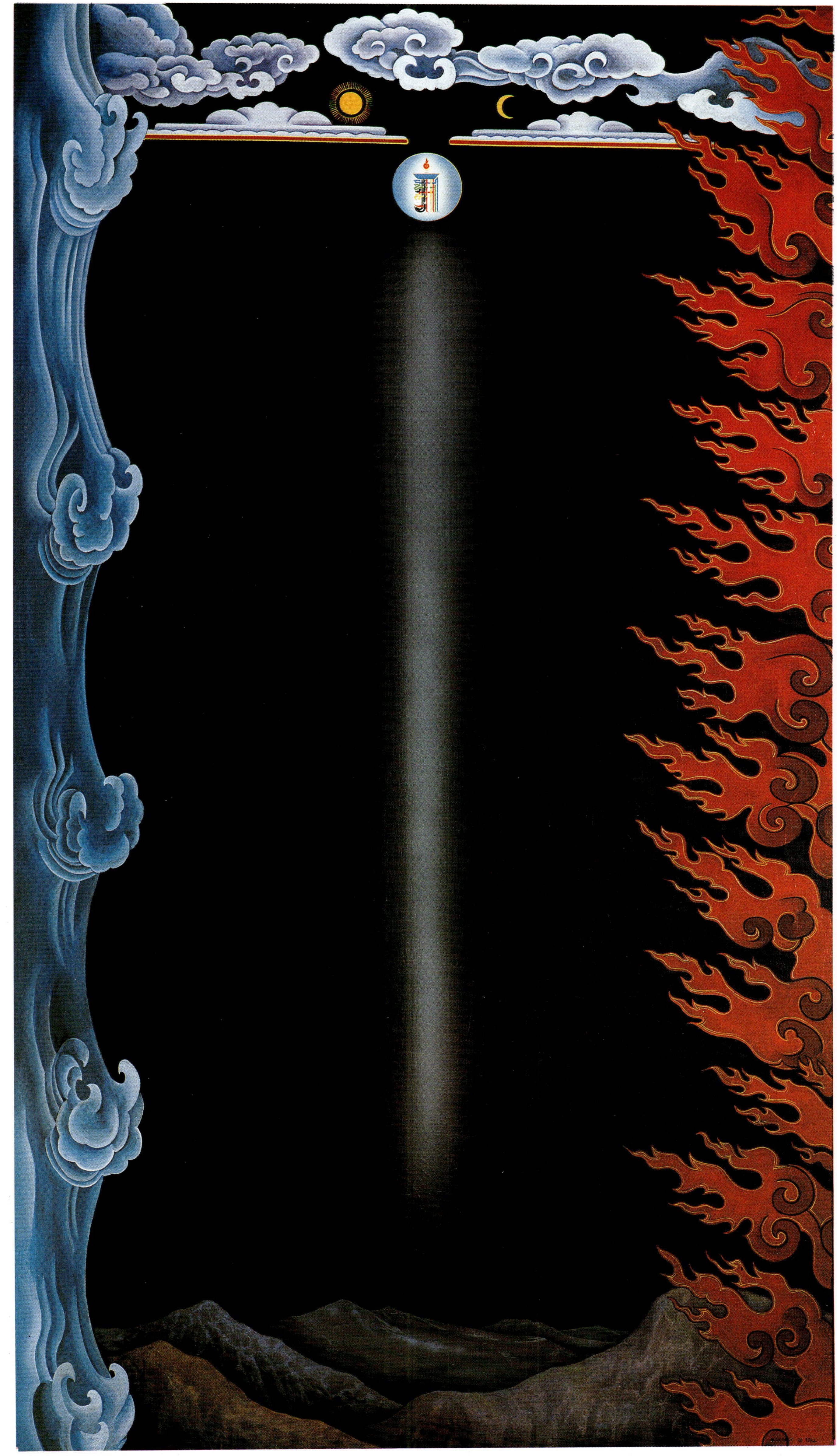

VACIO/LUZ CLARA
1982, ACRILICO SOBRE TELA
2.15 x 1.15 mts.

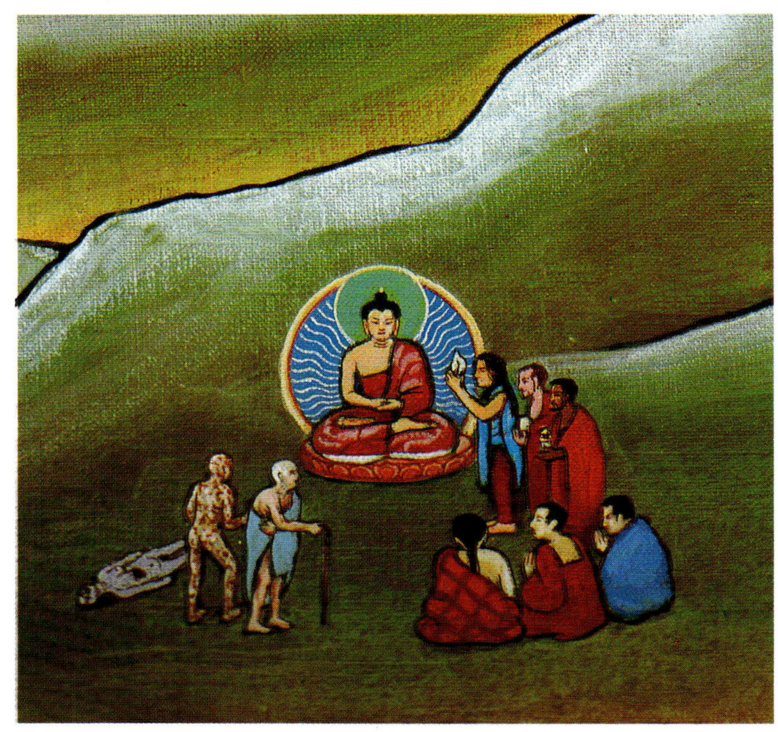

Puede que sea el doctor y la medicina
y puede que sea la enfermera
para todos los enfermos que existen en el mundo
hasta que todos estén curados.

Puede que descienda una lluvia de alimento y bebida
para limpiar las penas de hambre y sed
y durante la eternidad de hambre
puede que yo mismo me transforme en comida y bebida.

Puede que me convierta en un tesoro inagotable
para aquellos que son pobres y miserables;
puede que me transforme en todo lo que pudieran necesitar
y puede que éstas se coloquen cerca de ellos.

Shantideva, GUIA PARA LA FORMA
DE VIDA BODHISATTVA

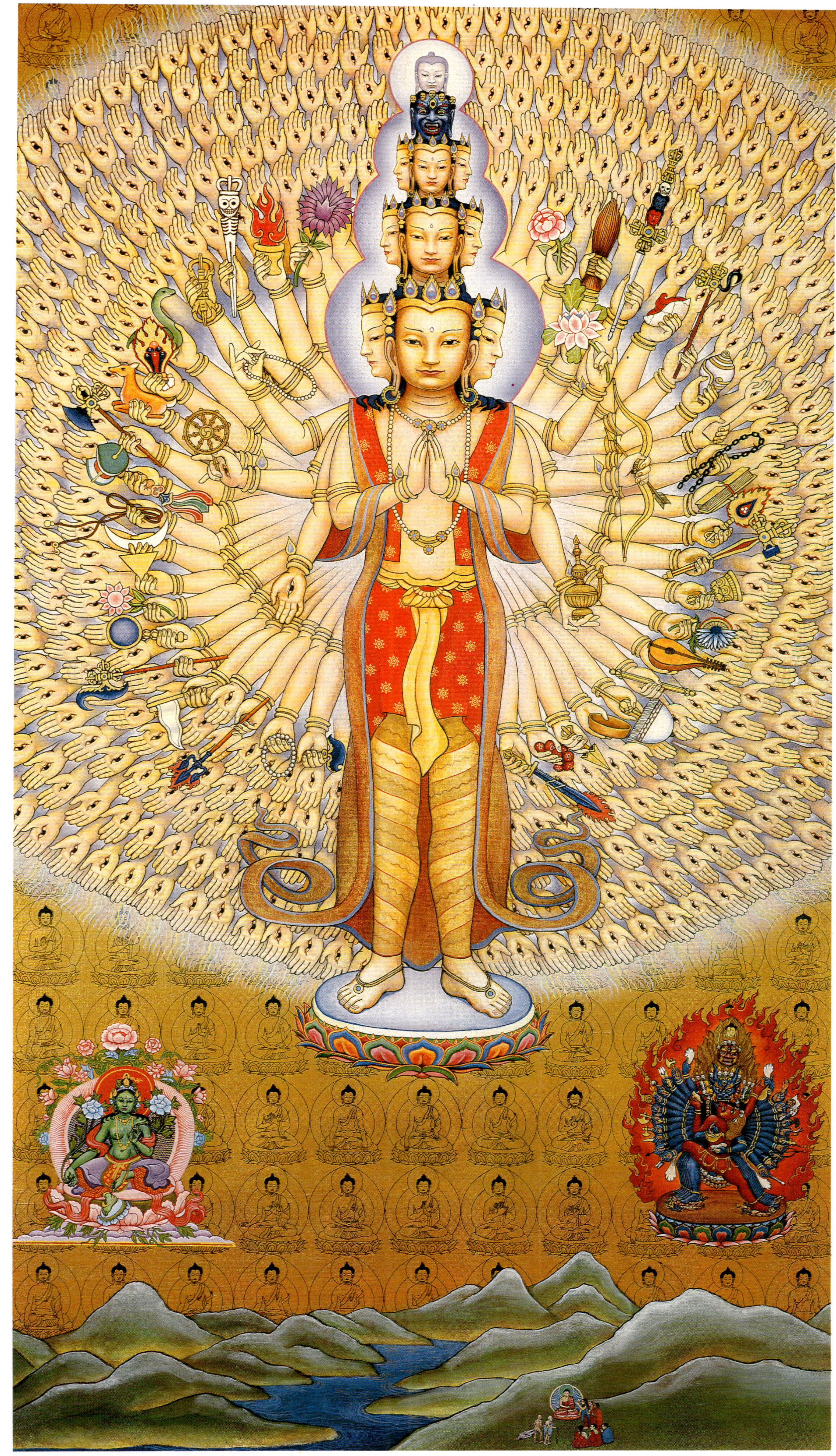

AVALOKITESVARA
1982-83, ACRILICO SOBRE LINO
2.10 x 1.15 mts.

◄ AVALOKITESVARA
(DETALLE)

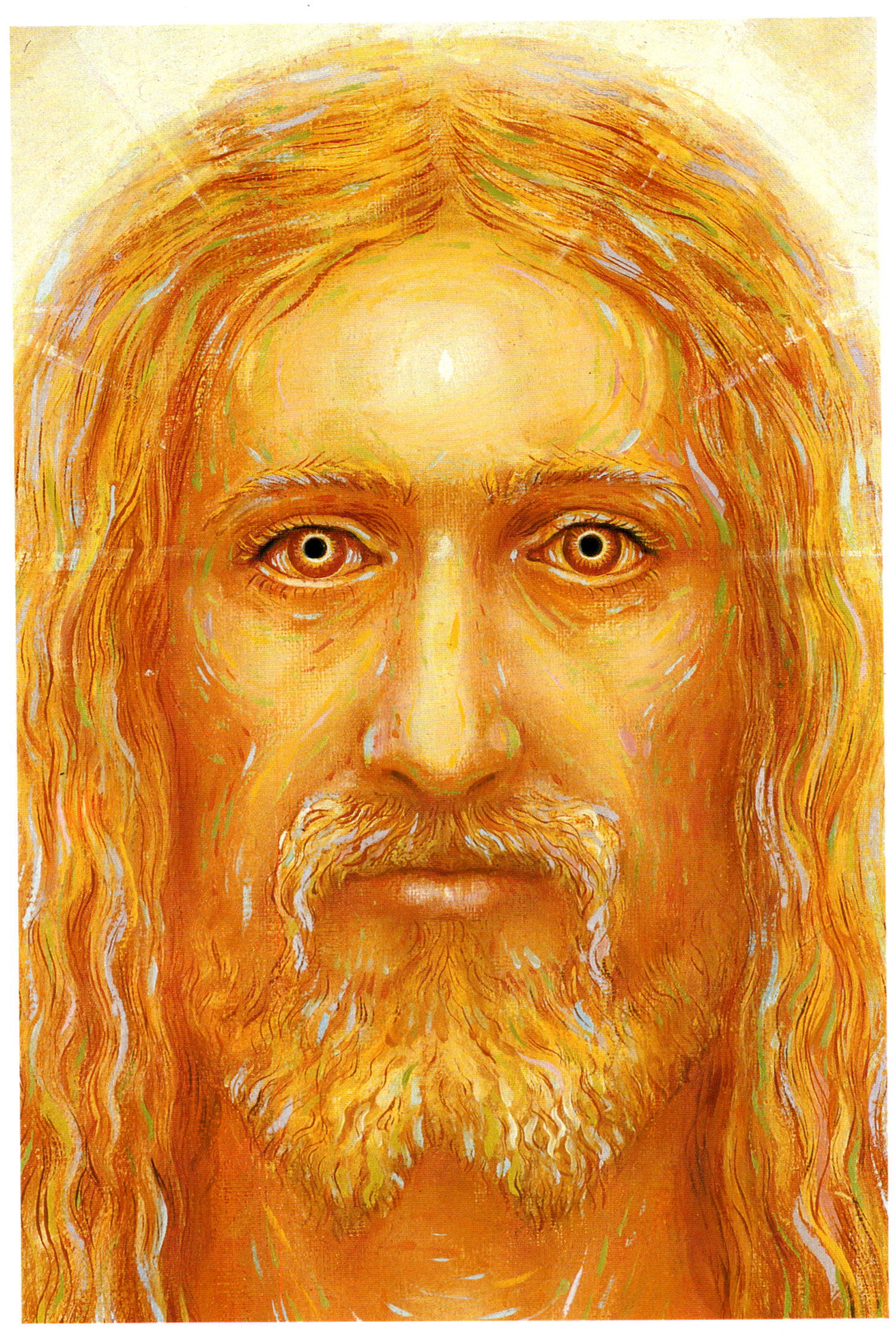

Jesús dijo: "Cuando hagas que dos sean uno, lo interior igual a lo exterior,
lo exterior como lo interior y lo de arriba como lo de abajo;
cuando hagas que lo masculino y lo femenino sean uno e igual...
entonces entrarás en el Reino de Dios".

EVANGELIO DE TOMAS

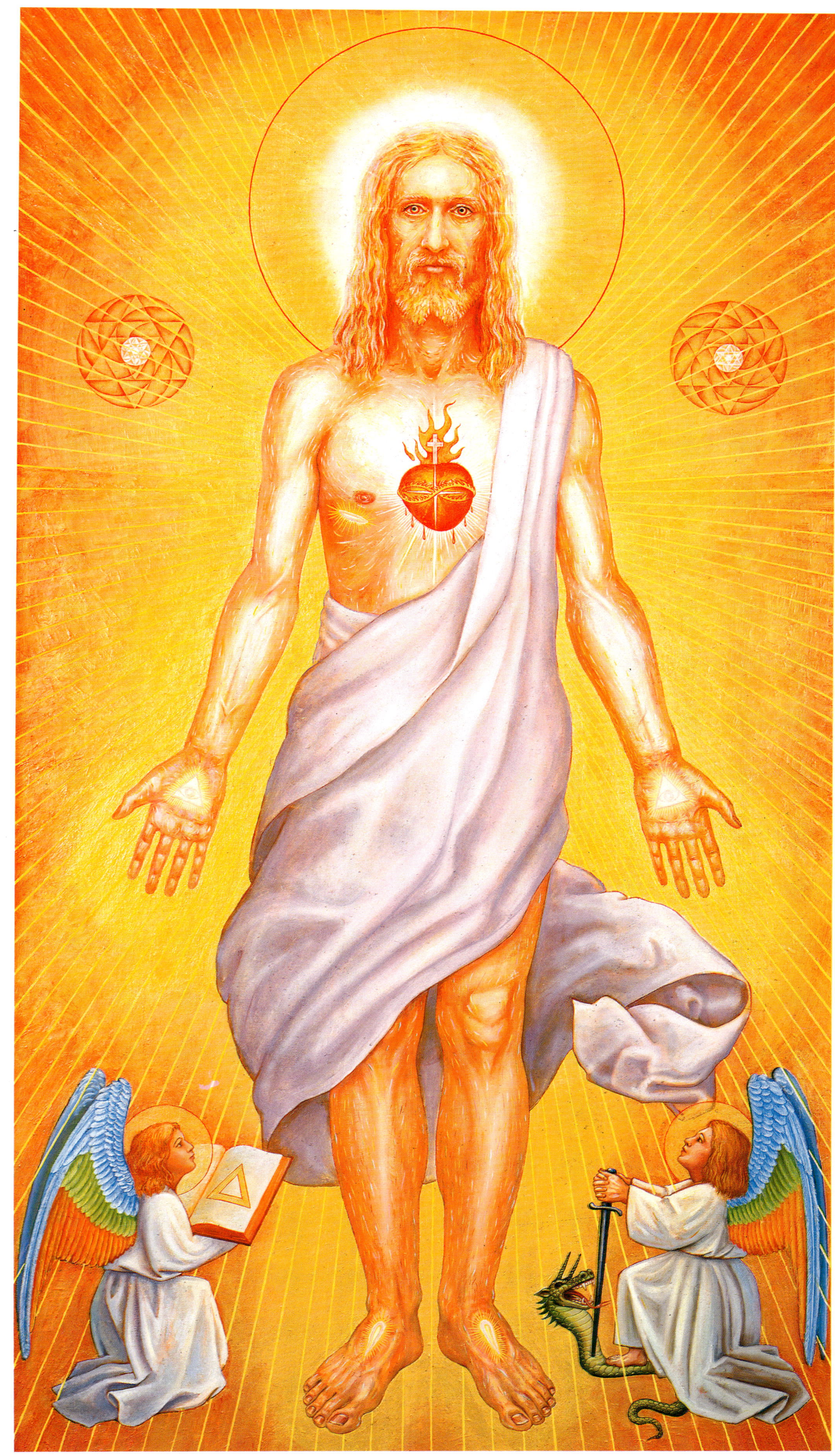

CRISTO
1982-85, OLEO SOBRE TELA
2.10 x 1.15 mts.

◄ CRISTO
(DETALLE)

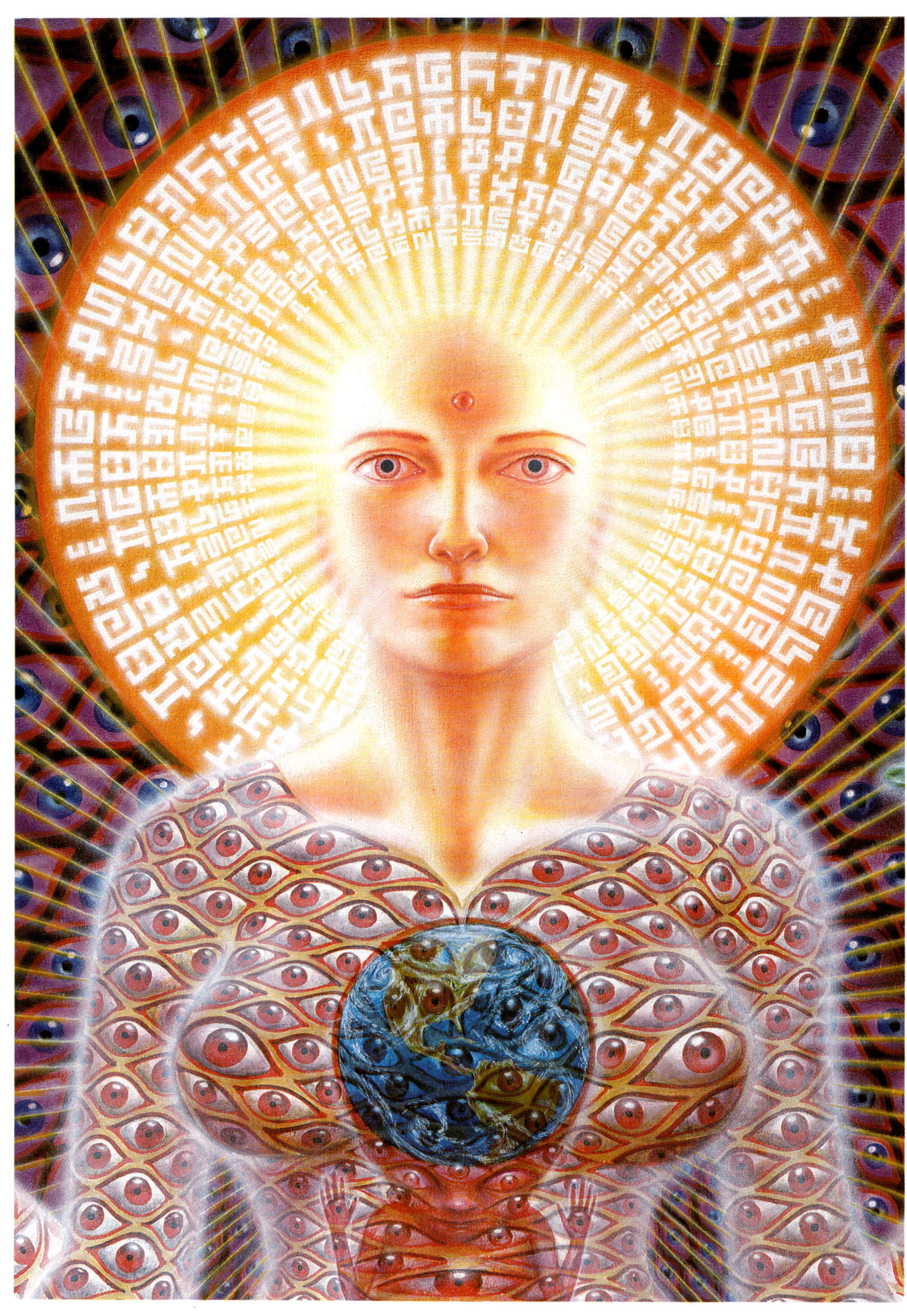

Yo soy lo primero y lo último. Yo soy la honrada y la despreciada.
Yo soy la puta y la santa. Yo soy la esposa y la virgen.
Yo soy la madre y la hija... Yo soy aquella cuyo llanto es enorme,
y no tengo esposo... Yo soy el conocimiento y la ignorancia.

TRUENO, MENTE PERFECTA, Poema gnóstico, 100 d.C.

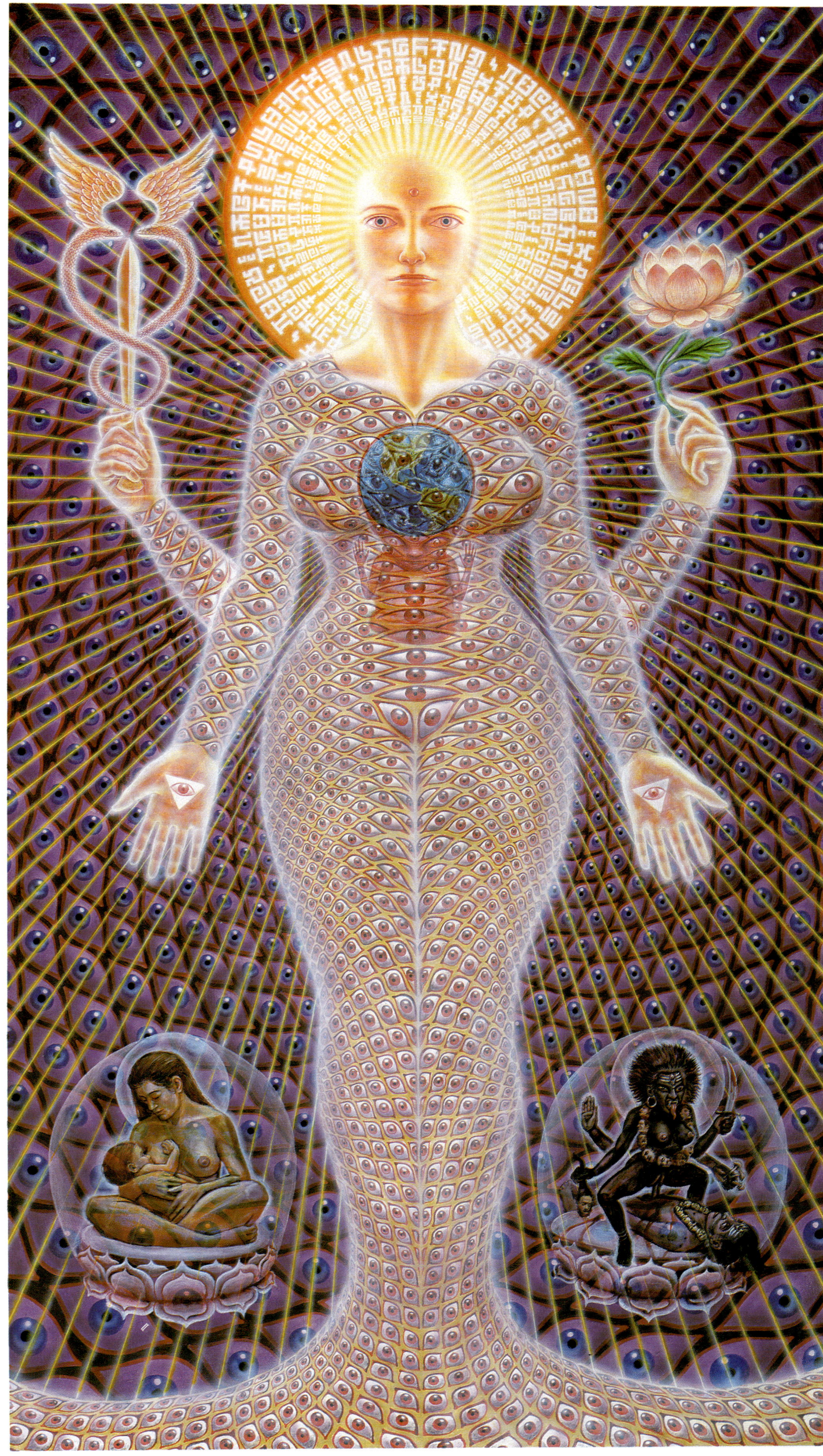

SOPHIA
1989, ACRILICO SOBRE LONA
2.10 x 1.15 mts.

◄ SOPHIA
(DETALLE)

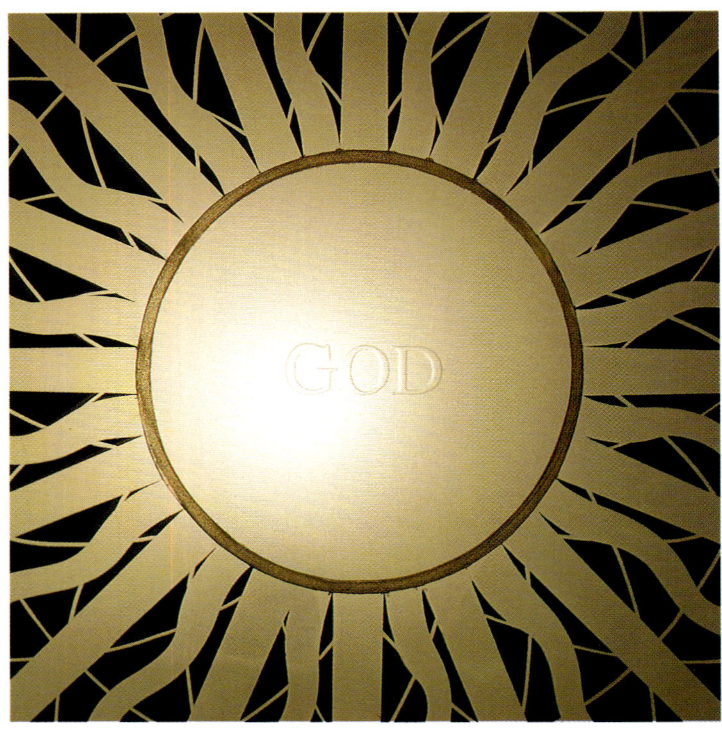

Hay una Luz que brilla más allá
de todas las cosas de la Tierra, más allá de todos nosotros,
más allá de los cielos, más allá de
los más elevados, los más altos cielos.
Es la Luz que brilla en nuestro
corazón.

CHANDOGYA UPANISHAD

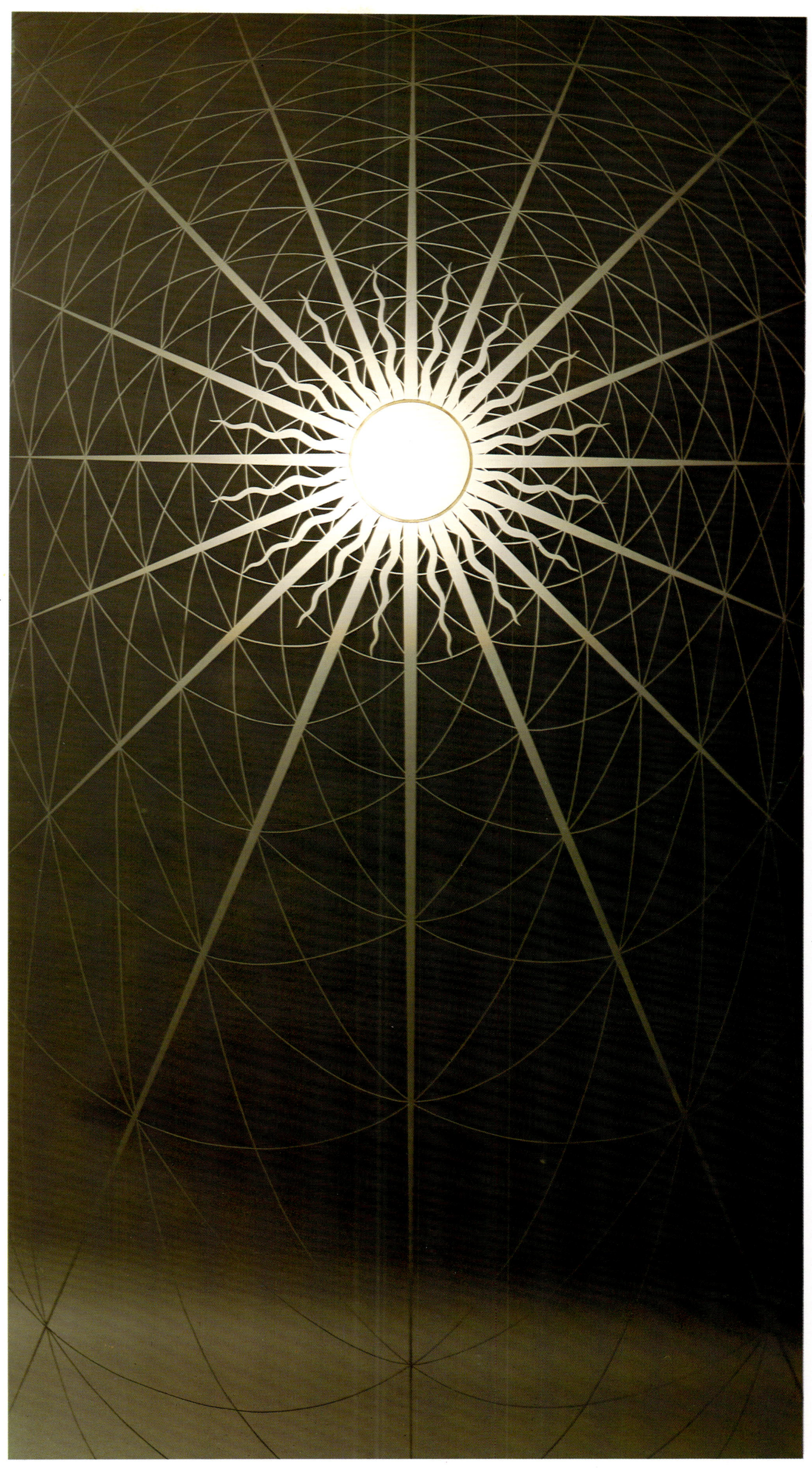

MUNDO ESPIRITUAL
1985-86, ESPEJO CON ILUMINACION
2.10 x 1.15 mts.

◀ MUNDO ESPIRITUAL
(DETALLE)

El Progreso del Alma

El alma encarna para hacer ciertas tareas y para aprender ciertas lecciones. Cada quien tiene un propósito del alma en su vida y cuenta con los atributos únicos para lograr tal propósito. La realidad del propósito del alma a veces se hace evidente durante las experiencias de transformación de la vida, como en las relaciones amorosas, de trabajo y de familia. La conciencia de la propia mortalidad y de las amenazas a la vida colectiva del planeta proporcionan una perspectiva más profunda para apreciar completa y conscientemente el don que significa la vida y el propósito del alma.

Los cuadros que siguen son posteriores a *Espejos Sagrados*. Aunque no fueron pintados como una serie, se han compuesto para dar a entender una evolución de la auto-conciencia. El aspecto físico y mortal de nuestra existencia se presenta en una estructura metafísica que reconoce la psique, el alma y el espíritu, así como la interconexión de todos los seres. Son imágenes transculturales, híbridas y místicas. Creo que existe un reino superconsciente de arquetipos desde el cual surgen todas las imágenes sagradas. La misión del artista visionario es experimentar los más altos estados espirituales para llevar esta experiencia —en forma de imágenes y de energía— hasta el corazón de cada espectador. La intención del trabajo es hacer visible lo divino inmanente, apuntar hacia la trascendencia divina, enfrentar las fuerzas y acciones curativas y volver al Gran Misterio: ¿Quiénes somos? ¿Por qué estamos aquí? Y ¿A dónde vamos?

REZANDO

1984, OLEO SOBRE TELA

2.10 x 1.15 mts.

Rezando *es un cuadro que muestra un sol dentro del corazón y otro en la mente. Desde la luz interior del centro del cerebro emana un halo que rodea la cabeza. El halo tiene inscritos los signos de contemplación de seis tendencias diferentes: los símbolos del Yin y Yang del taoísmo; una descripción de la magnitud del Brahmán del hinduismo; el lema de la fe judía: "Escucha Oh Israel, el Señor nuestro Dios, el Señor es Uno"; el mantra tibetano budista:* "Om Mani Padme Hum", *oración sobre el desdoblamiento de la mente de iluminación; las palabras de Cristo del "Padrenuestro" en Latín; y una descripción de Alá junto con la oración islámica: "No hay más Dios que Alá y Mahoma es su profeta". He intentado presentar el corazón espiritual de la luz que trasciende, unifica y se manifiesta a través de diferentes caminos religiosos.*

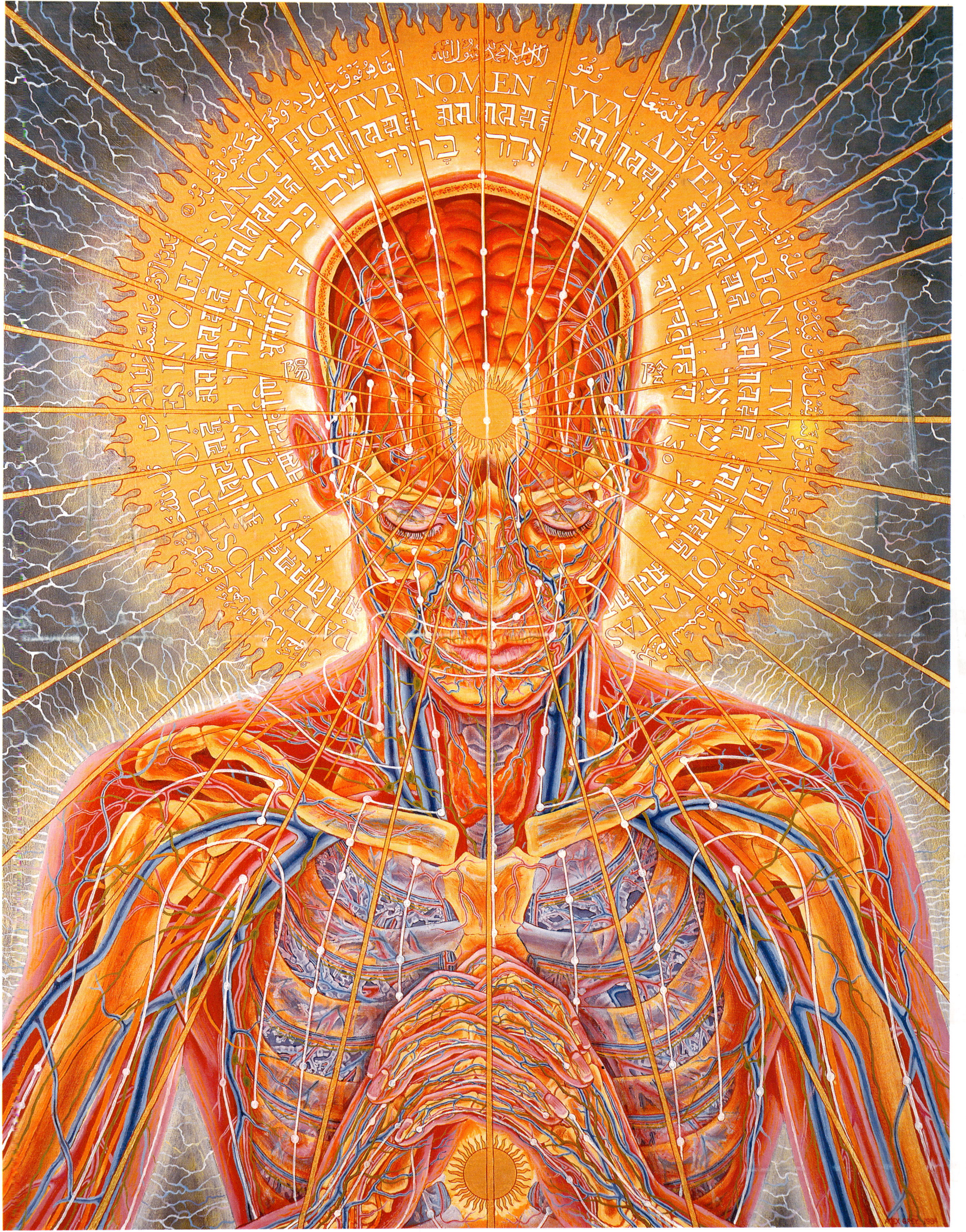
PATER NOSTER QVI ES IN CAELIS SANCTIFICETVR NOMEN TVVM ADVENIAT REGNVM TVVM FIAT VOLVNTAS

BESANDO

1983, OLEO SOBRE TELA

1.65 x 1.10 mts.

En esta imagen he utilizado la llama dorada para simbolizar la conciencia y el espíritu. Hay dos bandas infinitas de llamas doradas serpenteando a través de los corazones y mentes de la pareja sugiriendo el vínculo del amor infinito que trasciende a la no-permanencia de la carne.

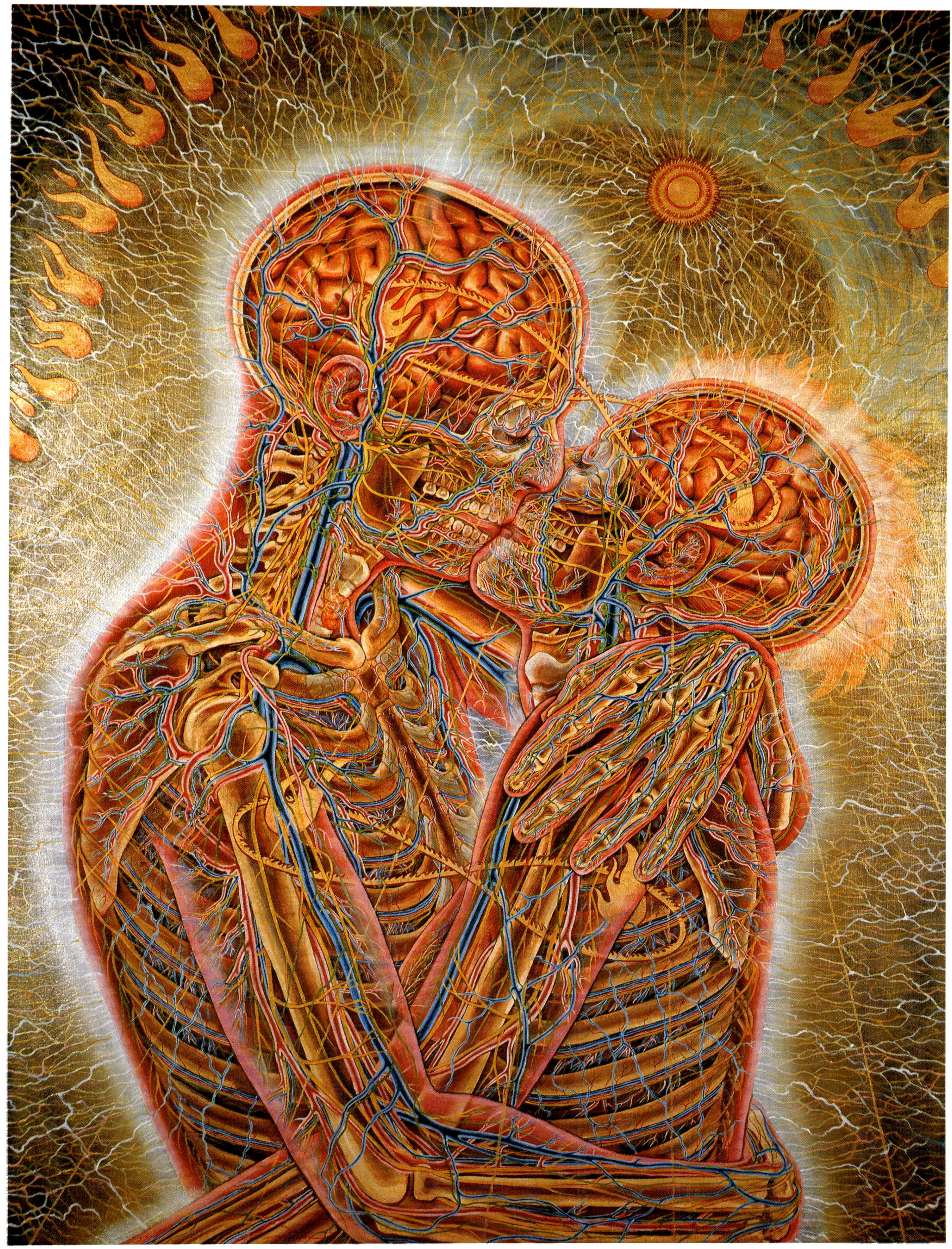

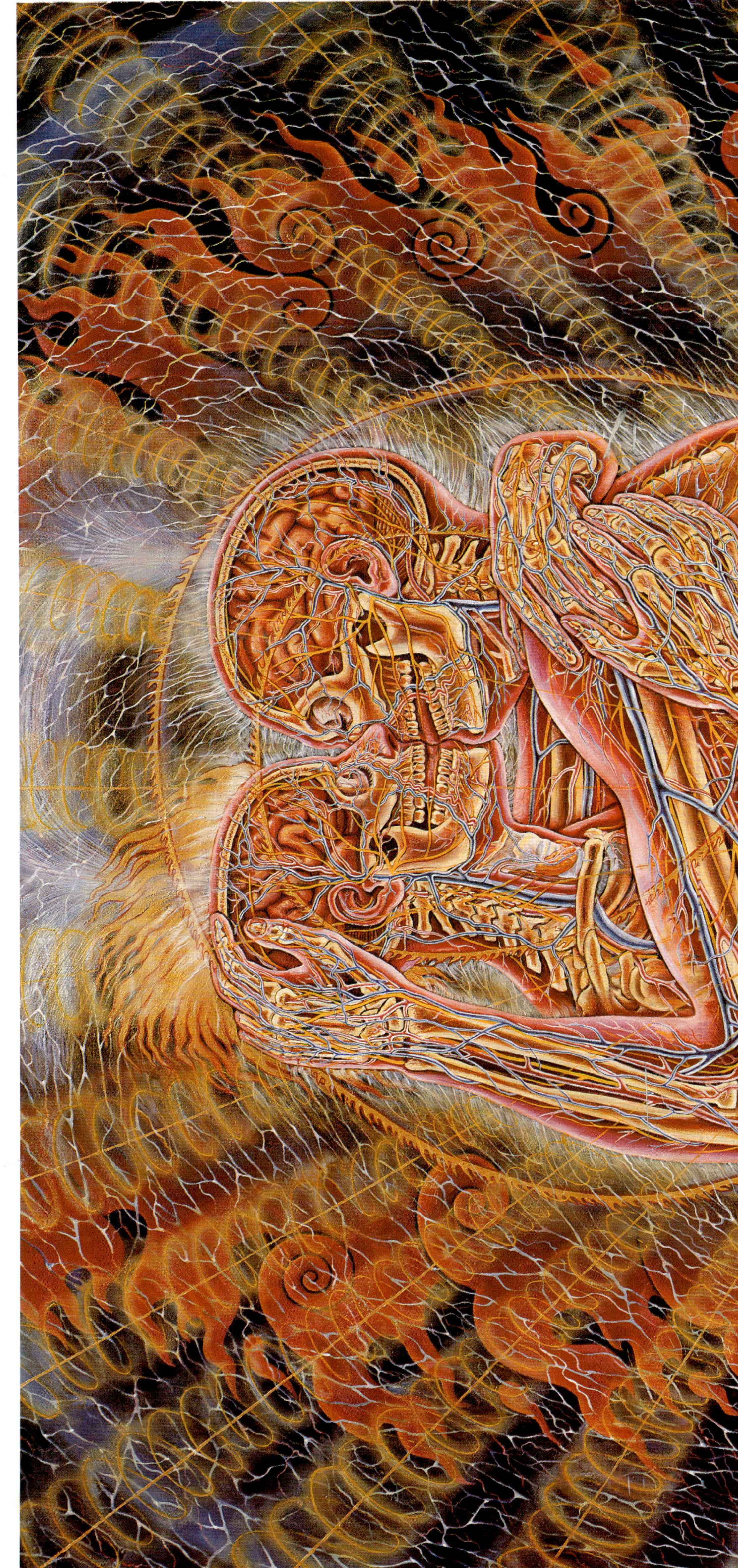

COPULANDO
1984, OLEO SOBRE TELA
1.87 x 2.40 mts.

Una bola de fuego de pasión purificadora rodea a la pareja abrazada unificando los cuerpos. Eros implica la voluntad divina por conseguir la rendición humana en el amor para crear una nueva vida. Los vértices de la energía astral corren por fuera de los amantes alertando a las almas de una posible oportunidad de encarnación. La pareja es observada por los ojos atentos del nacimiento y la muerte. Las bandas de amor infinito vuelan a través de la superposición cósmica de las dos corrientes polares de energía vital. En el centro de la pareja, una cristalina Shri yantra, uno de los más antiguos símbolos tántricos, significa el equilibrio dinámico y la interpenetración de los opuestos.

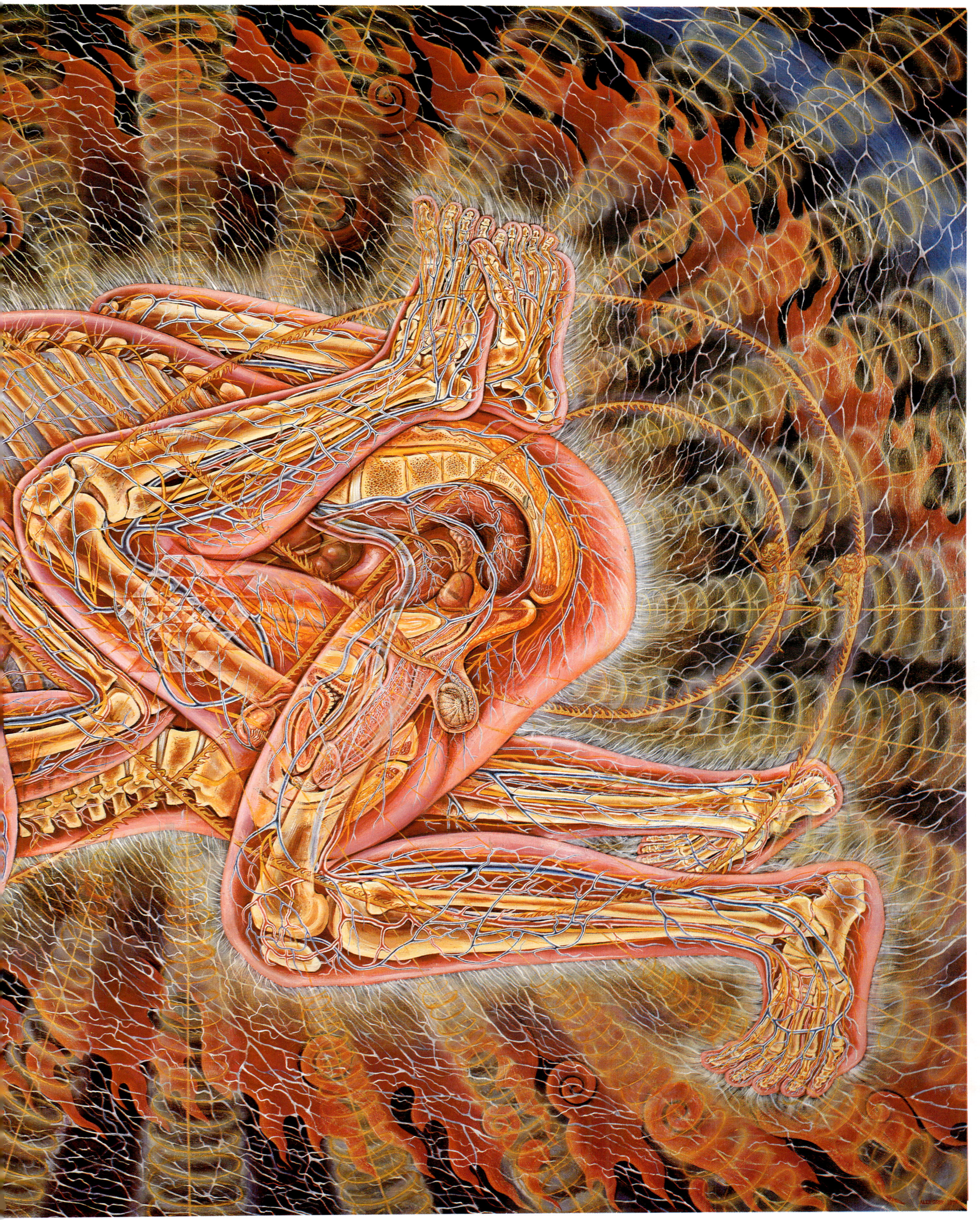

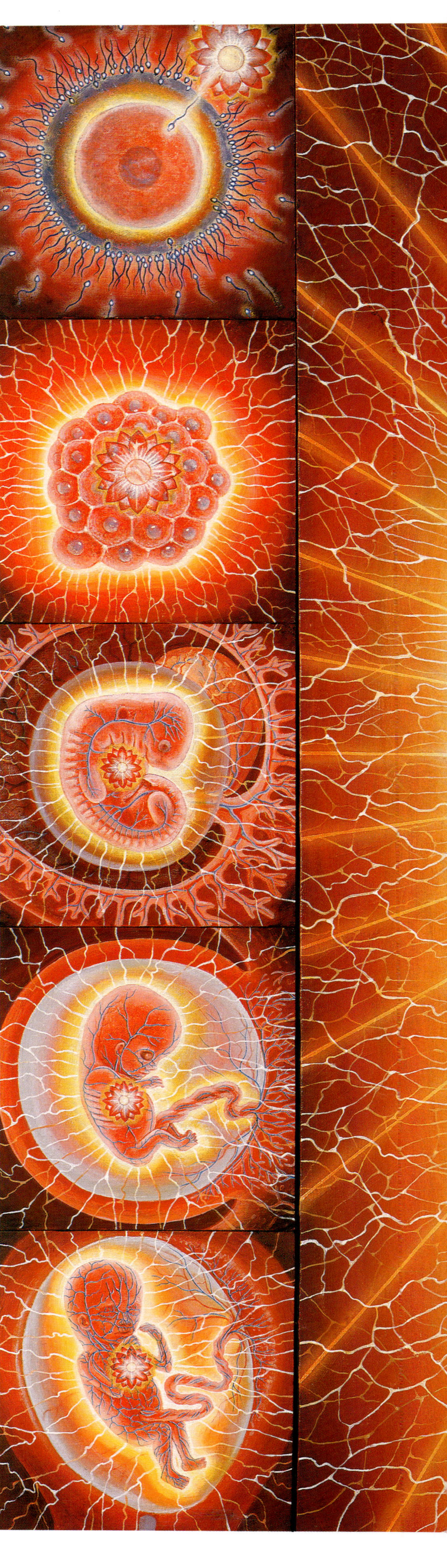

EMBARAZO

1988-89, OLEO SOBRE TELA

1.25 x 1.40 mts.

El alma se encarna conectándose kármicamente con los padres y eligiendo su esperma y óvulo. El alma prevé la construcción biomolecular de un nuevo cuerpo y, excepto las influencias dañinas, el nuevo cuerpo será casi perfecto. El florecimiento embrional de la creación, empezando como un zigoto unicelular, se desdobla milagrosamente en trillones de células que trabajan armoniosamente en los diferentes sistemas del cuerpo. Es el momento de una transformación radical para la encarnación del alma, así como para los nuevos padres. Este cuadro fue realizado cuando Allyson estaba embarazada de nuestra hija Zena Lotus Grey.

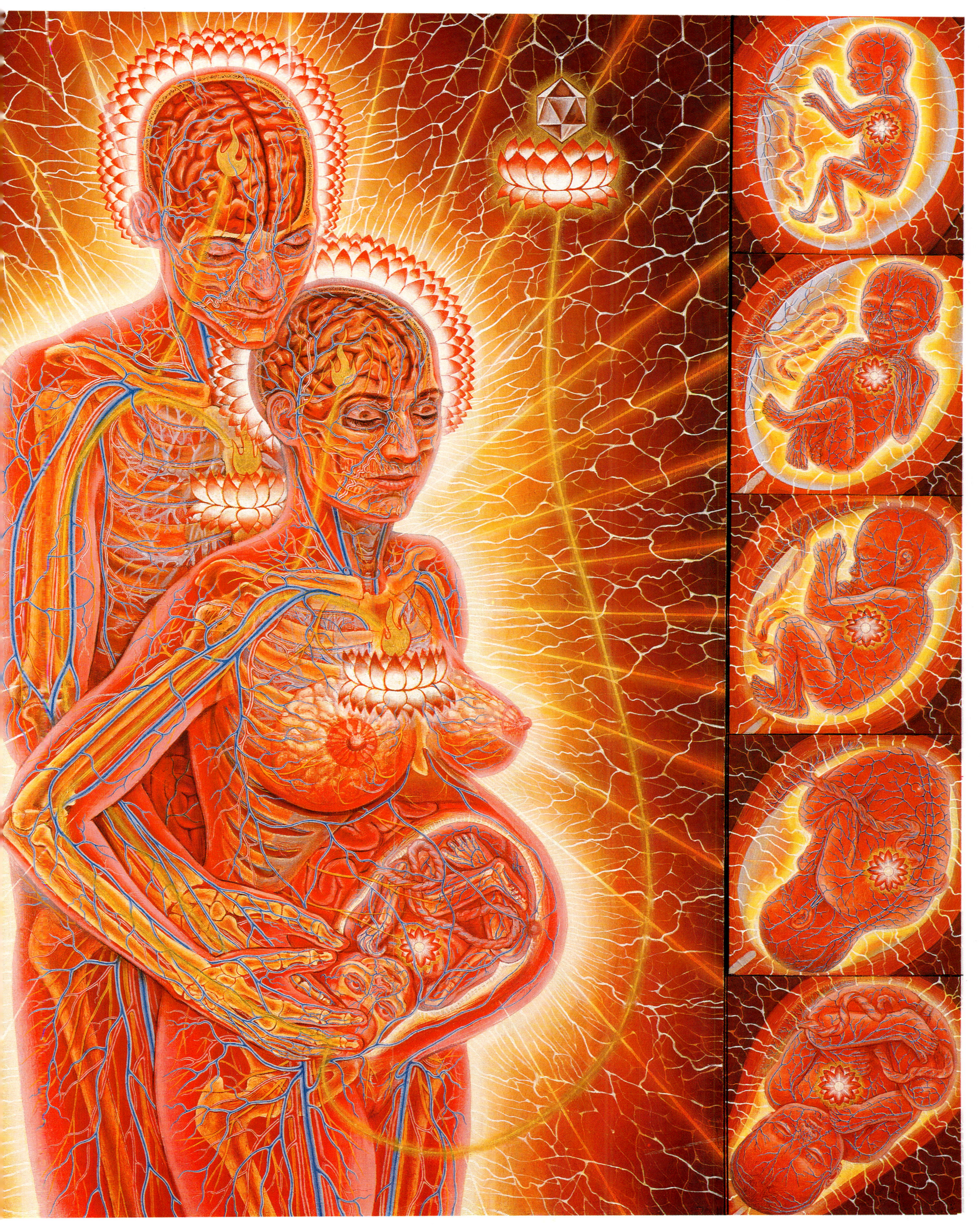

AMAMANTANDO

1985, OLEO SOBRE TELA

1.00 x 0.75 mts.

El vínculo entre madre e hijo es una milagrosa efusión de amor sin barreras canalizado a través del anillo mortal. Amamantar es el vínculo de la nutrición: la madre es el primer alimento, es la llave de la vida. Entre madre e hijo existen también vínculos bio-electromagnéticos, emocionales y psíquicos y, finalmente, el vínculo espiritual que los reúne.

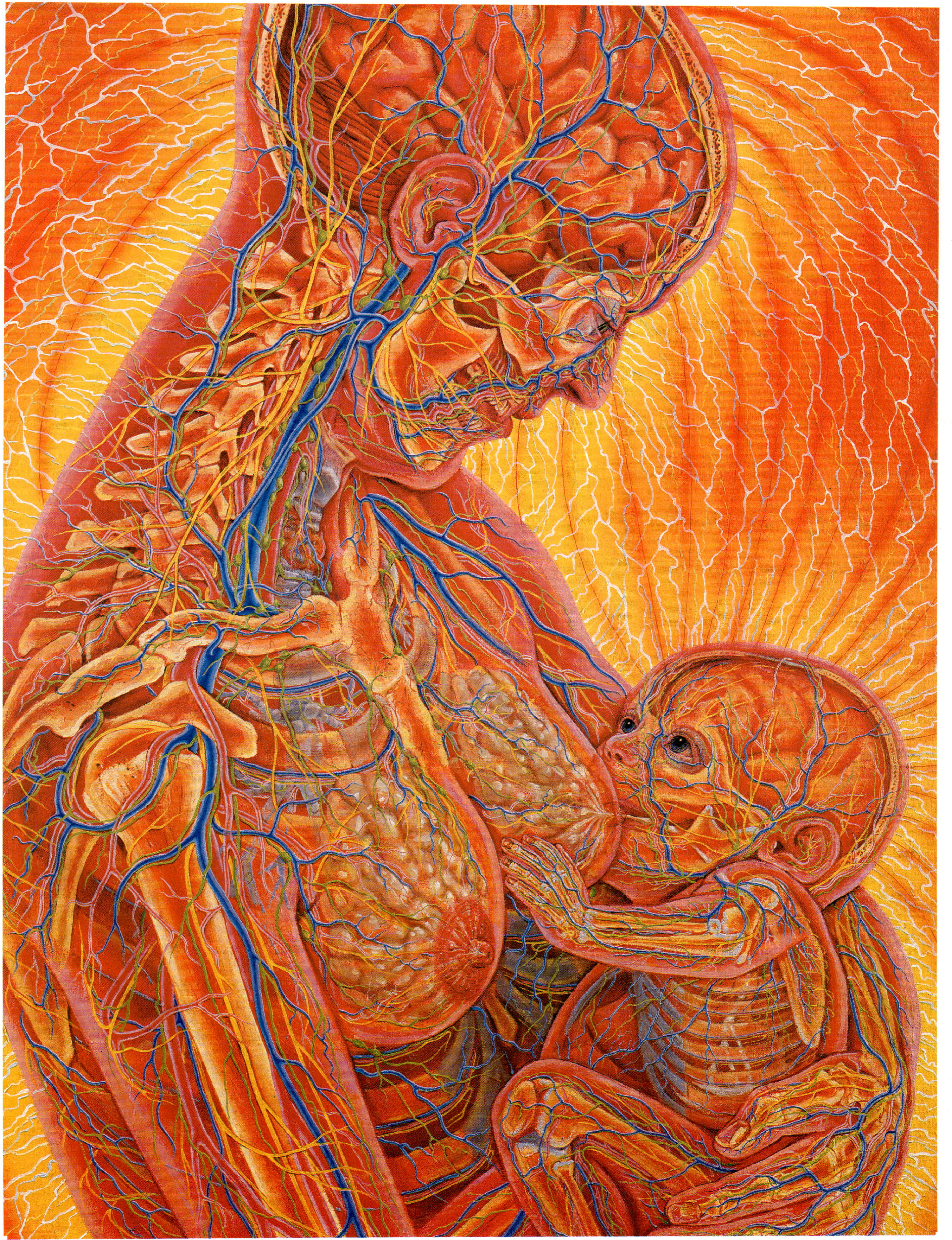

NUEVA FAMILIA

1985–86, OLEO SOBRE TELA

2.25 x 1.50 mts.

En una nueva familia siempre hay esperanzas. Sus integrantes se enfrentan a un futuro incierto pero se basan en un amor puro y devoto. Su amor los une en una trenza de almas.

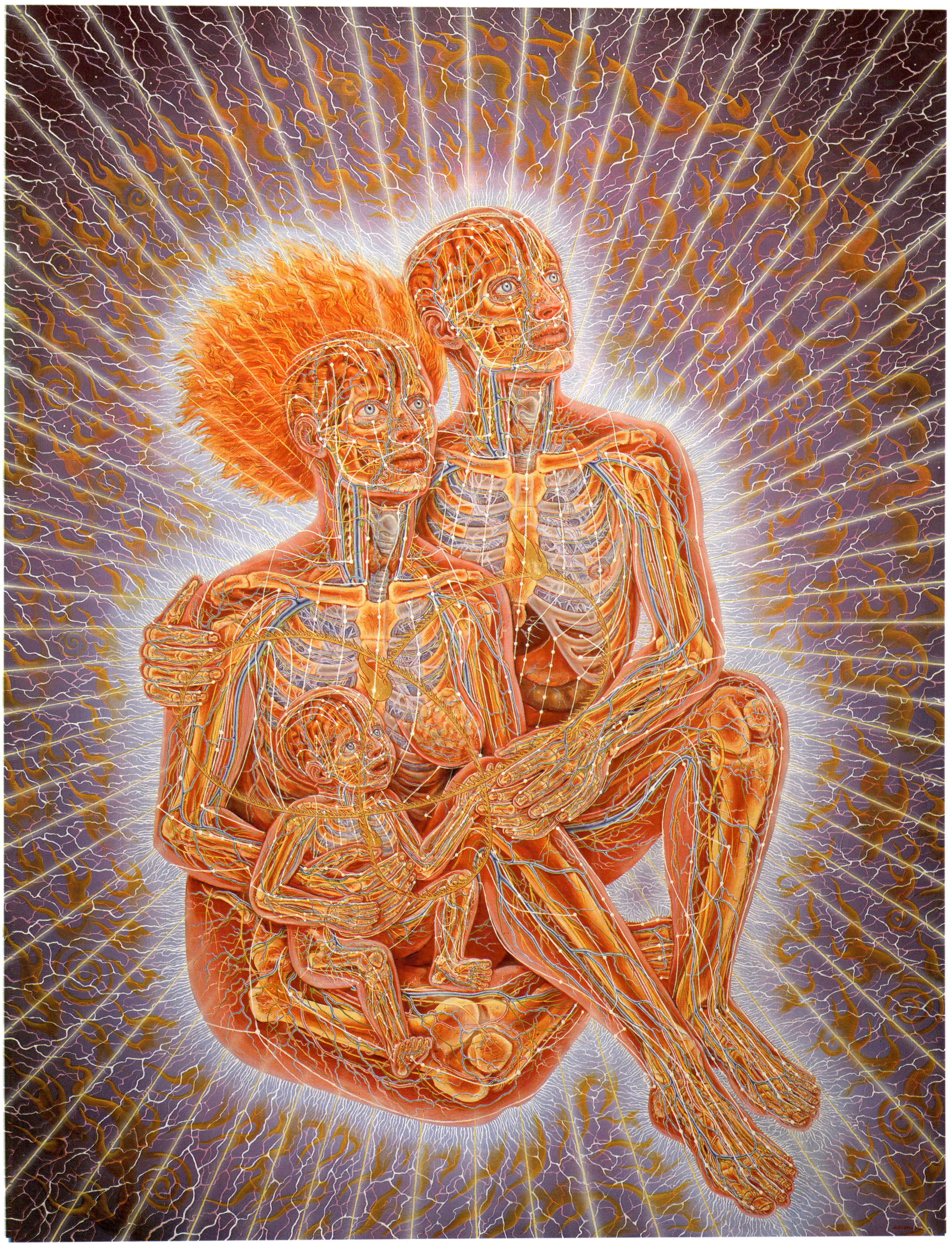

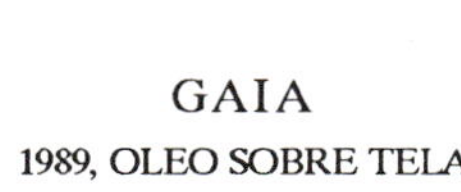

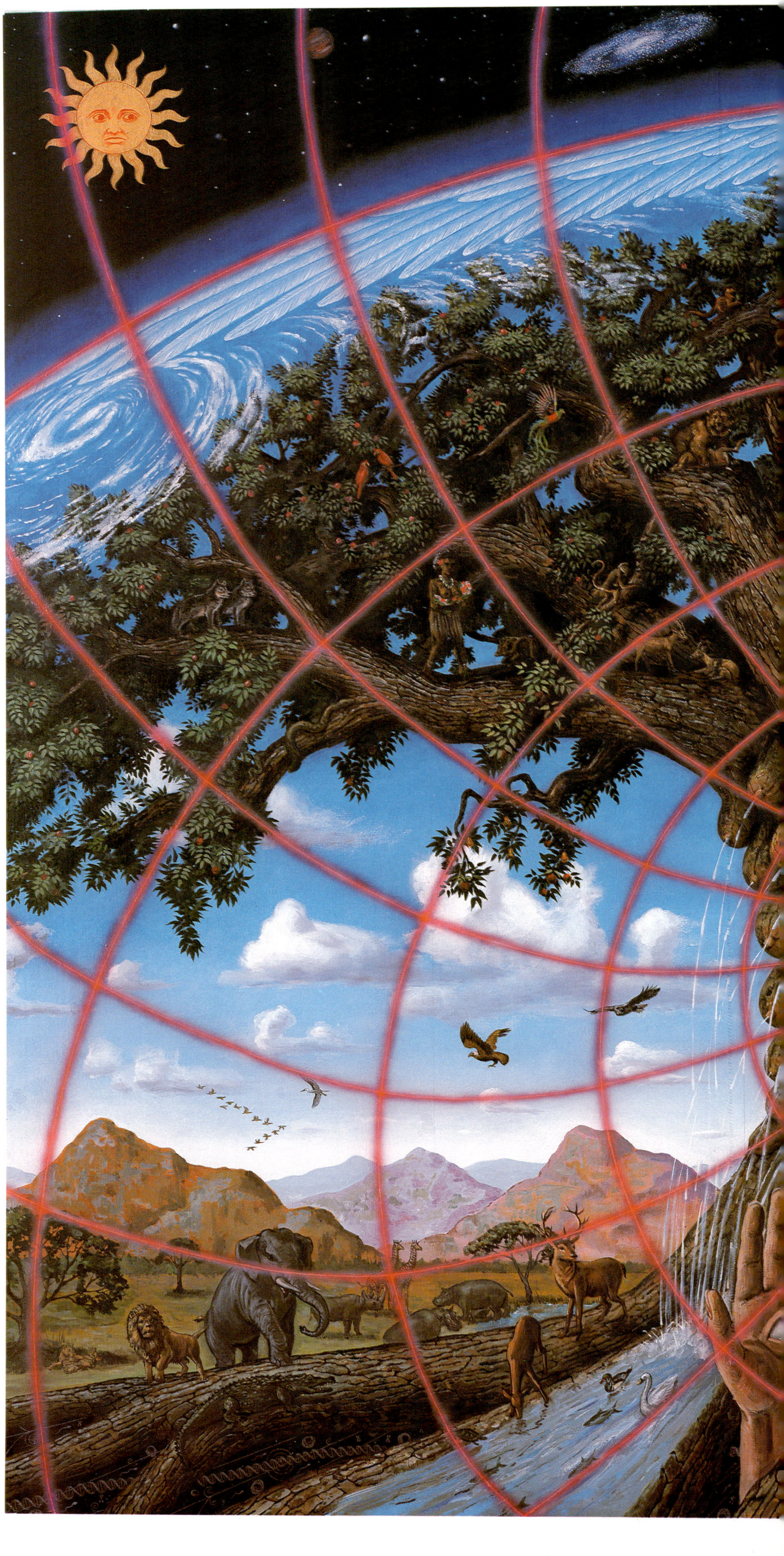

GAIA

1989, OLEO SOBRE TELA

2.40 x 3.60 mts.

El día después que Zena, nuestra hija, naciera, tuve una visión de Gaia, el Alma del Mundo. *Gaia era el árbol de la vida o la membrana de la vida con raíces en los niveles de materia (materia/madre) subatómica, atómica, molecular y celular, llegando —a través de océanos, piedras, suelo, vegetación, bosques, montañas, lagos, ríos, aire y atmósfera— a todas las plantas y criaturas. Un círculo natural de nacimiento, sustento y muerte estaba entrelazado dentro del tapiz de la Naturaleza. Gaia daba nacimiento continuamente a la vida a través de la energía del amor de su corazón. Las futuras generaciones de la humanidad estaban simbolizadas por una madre humana amamantando en la cueva de Gaia.*

El cuerpo de Gaia estaba siendo destruido y desolado por el hombre reflejando la crisis actual del medio ambiente. Un falo enfermo y demoniaco había erigido estructuras por toda la Tierra para beberse la leche de Gaia y convertirla en poder y dinero. La tierra baldía de una cultura de usar y tirar estaba apilada hacia arriba y se estaba filtrando dentro de la piscina microgenética causando enfermedades y defectos en la Gran Cadena de la vida.

Emergiendo también de ese nivel microgenético —pero del lado de la Naturaleza— había una alarma evolutiva representada por una gran mano "vidente" que catalizaba la voluntad colectiva de las personas haciéndolas capaces de ver, con ojos de visión despejada, las acciones necesarias para frenar la destrucción del alma del mundo.

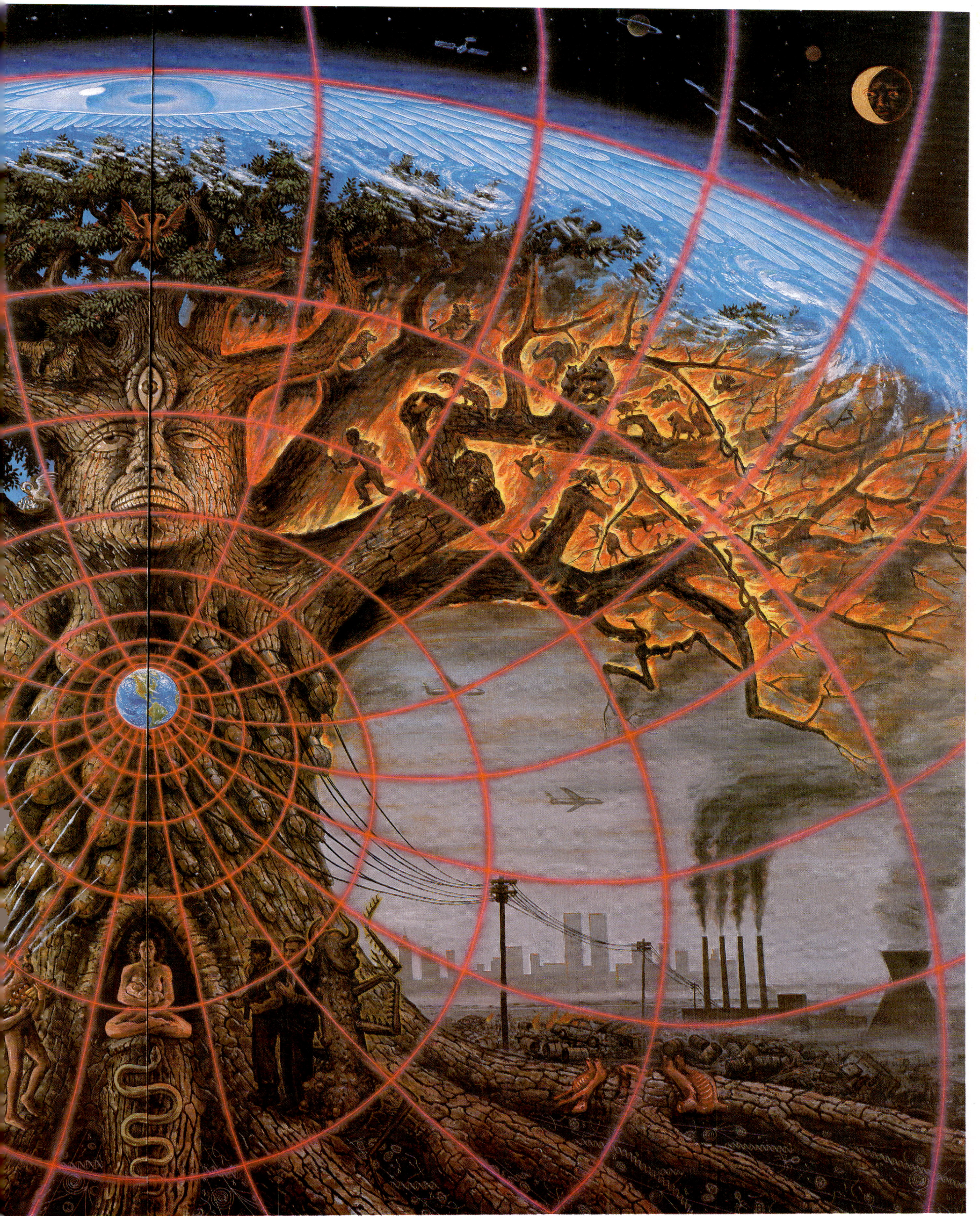

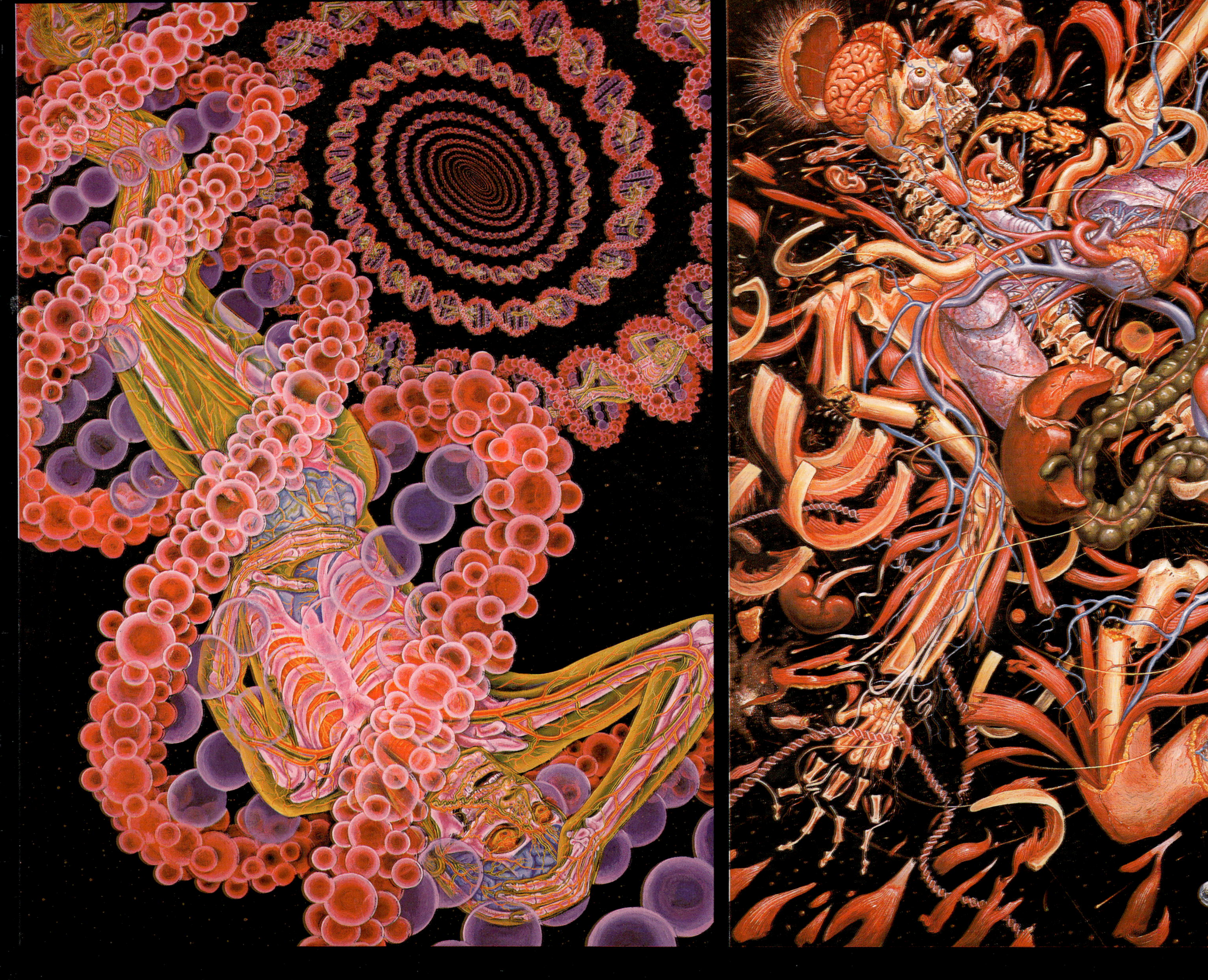

VIAJE DEL
SANADOR HERIDO
(TRIPTICO)
1984–85, OLEO SOBRE TELA
2.25 x 5.40 mts.

En el primer panel vemos al ser atrapado en un vertiginoso torbellino de descenso evolutivo, paralelo al descenso alucinante del chamán iniciado dentro del infierno o reino de los muertos. El prisionero lucha por su libertad y se enferma con las limitaciones materialistas de su cadena genética, representada por una trampa en una molécula DNA en espiral.

En el panel central el ser explota y se desmembra en el tremendo misterio, *una poderosa confrontación de fuerzas de todos los niveles de realidad: subatómico, celular, planetario, galáctico, psíquico y espiritual. La energía que anima el Todo, la fuerza de Dios, sale a través del ser materializado y destruye la identificación con el ego enfermo y contraído*

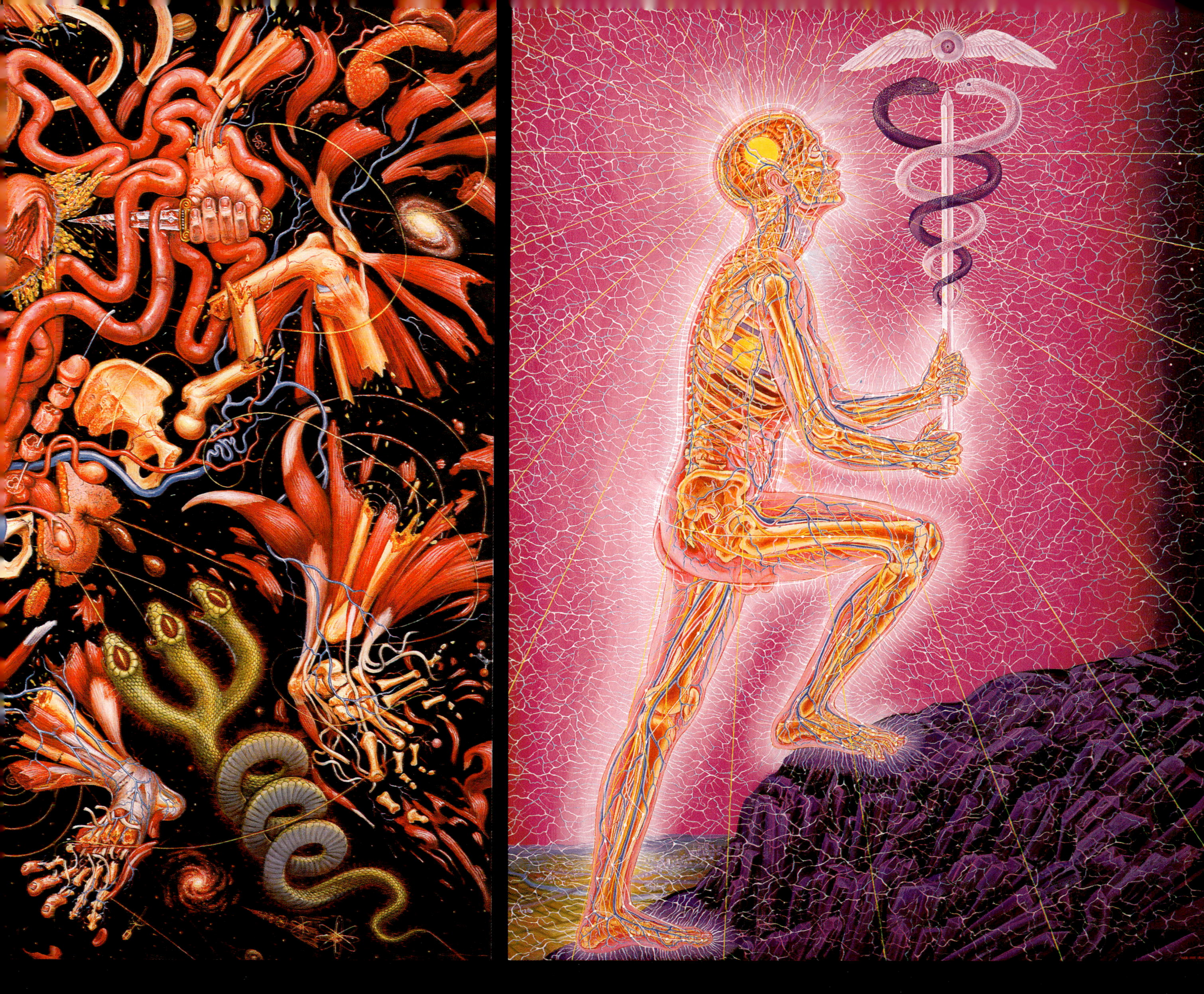

abriéndolo para que emerja con nuevos poderes. El poder de una serpiente alquímica de tres cabezas (representando el cuerpo, la mente y el espíritu) entrelaza una energía integradora y trasmutadora que unifica al nuevo ser.

En el último panel el hombre reintegrado asciende al mundo medio y superior, liberado de los vínculos psíquicos de la trampa materialista y pasa a la luz que brilla desde la mente y el corazón. Como sanador, empuña un símbolo caduceo cristalino con los poderes equilibrados de la serpiente del inconsciente y la visión alada del superconsciente. El sanador/científico/artista asciende la montaña de cristal del ser superior, un ser al que se le ha conferido la responsabilidad de sanar el futuro.

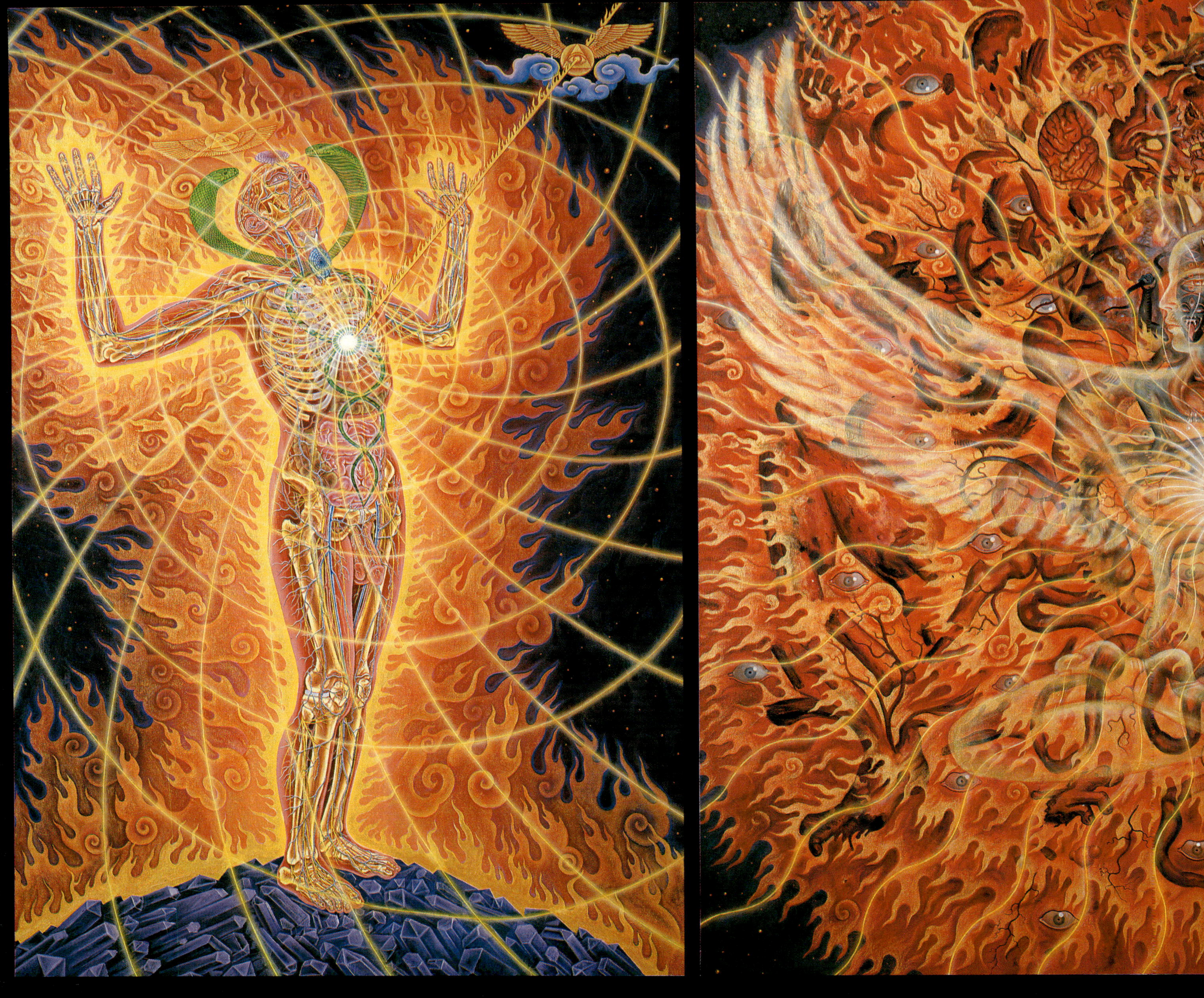

FUEGO SAGRADO
(TRIPTICO)
1986–87, OLEO SOBRE TELA
2.25 x 5.40 mts.

El peregrino de alma buscadora llega a la cima de la montaña y su energía jundalini, el poder de la serpiente, empieza a ascender dentro de él. El caduceo, o equipo de curación, se internaliza. El ojo de Dios en forma de presencia angelical canaliza las llamas del corazón abierto de la gracia divina dentro de su centro, enviando su cuerpo/mente a un estado de intoxicación de Dios y shock místico.

Sobrecargado por el éxtasis y el fuego santo de la conciencia de Dios, la identidad corpórea del peregrino se abre estallando y se consume en el Sol trascendental. Su falo muerto se une a Kali, la Madre Oscura del Tiempo, el Nacimiento y la Destrucción, en un rito de purifica-

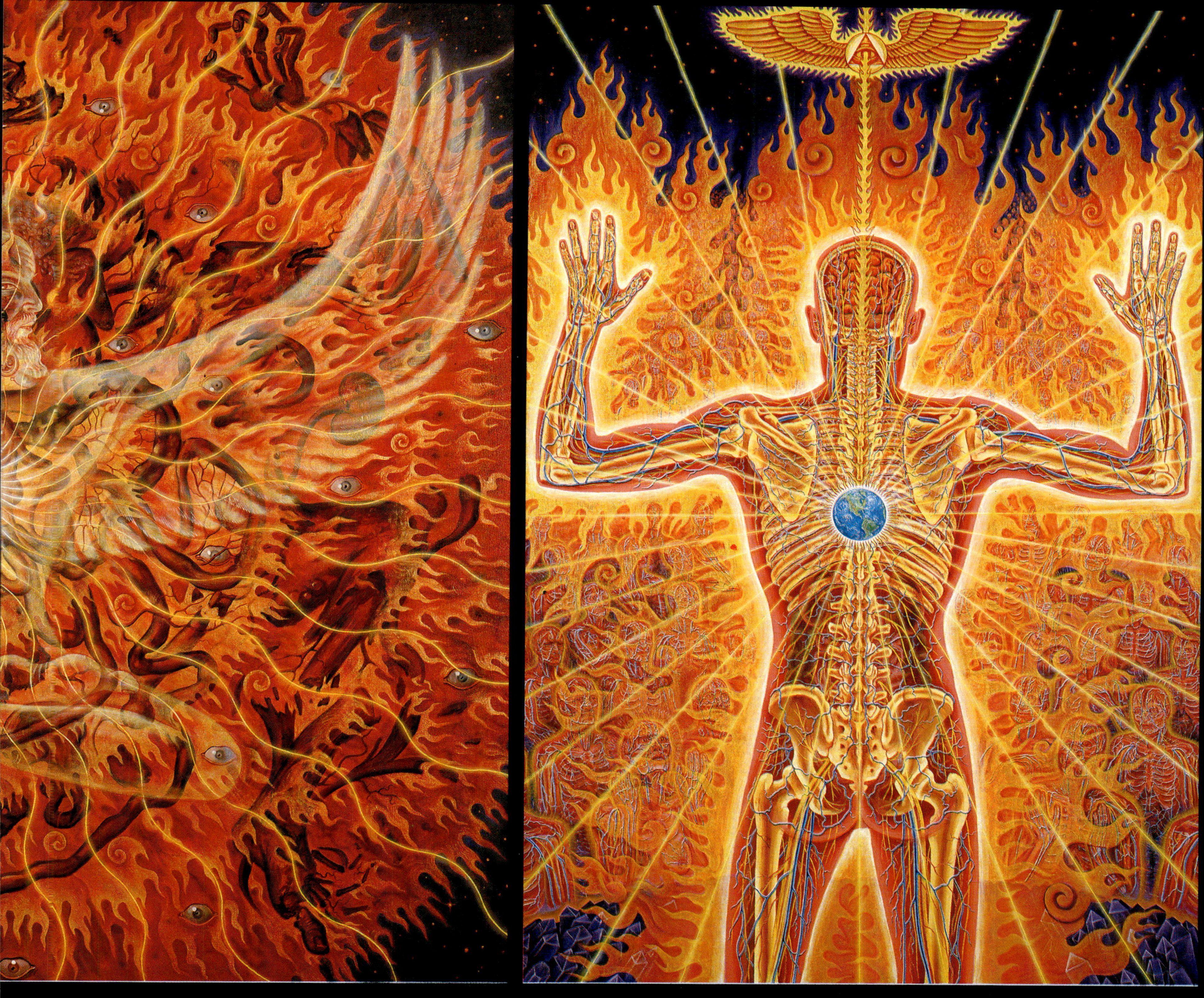

ción tántrico. La Madre Oscura revela el corazón espiritual del peregrino como un mutante hermafrodita divino con conciencia clarificada no-dual, el alma en forma de ave, un ángel o fénix otorgando olas de dones desde un corazón abierto.

El héroe ahora está renovado y desciende de la montaña para dirigir a la gente. La gente son aspectos de sí mismo reflejando todos los modos de ira y duda para la alegría y la epifanía. El héroe ha tomado la Tierra entera en su corazón y centro de devoción. El Hombre Nuevo habla y actúa fuera de una nueva alineación y equilibrio del cielo y la Tierra para sanar a las personas y al planeta.

FUEGO SAGRADO
(DETALLE)
PAGINA SIGUIENTE

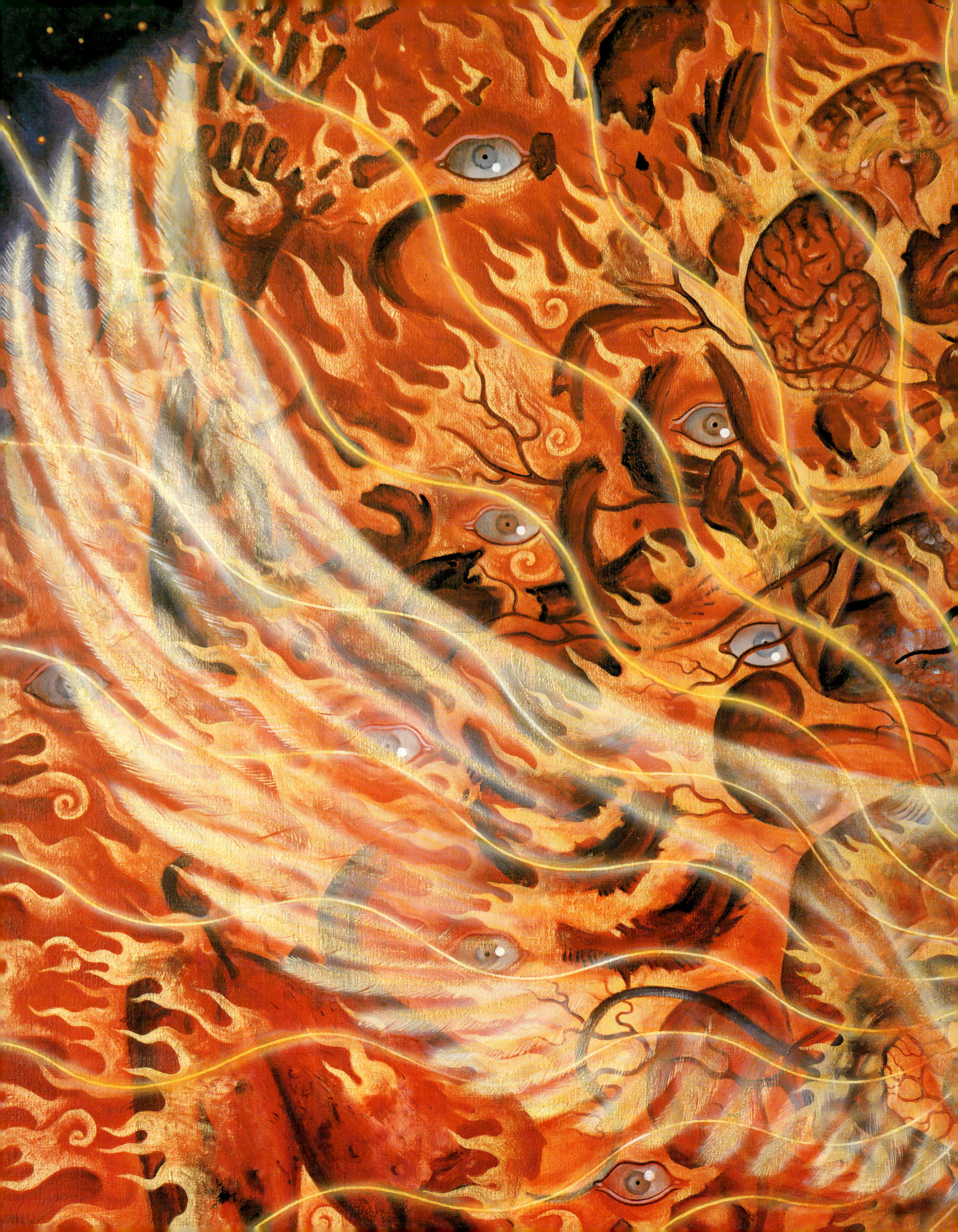

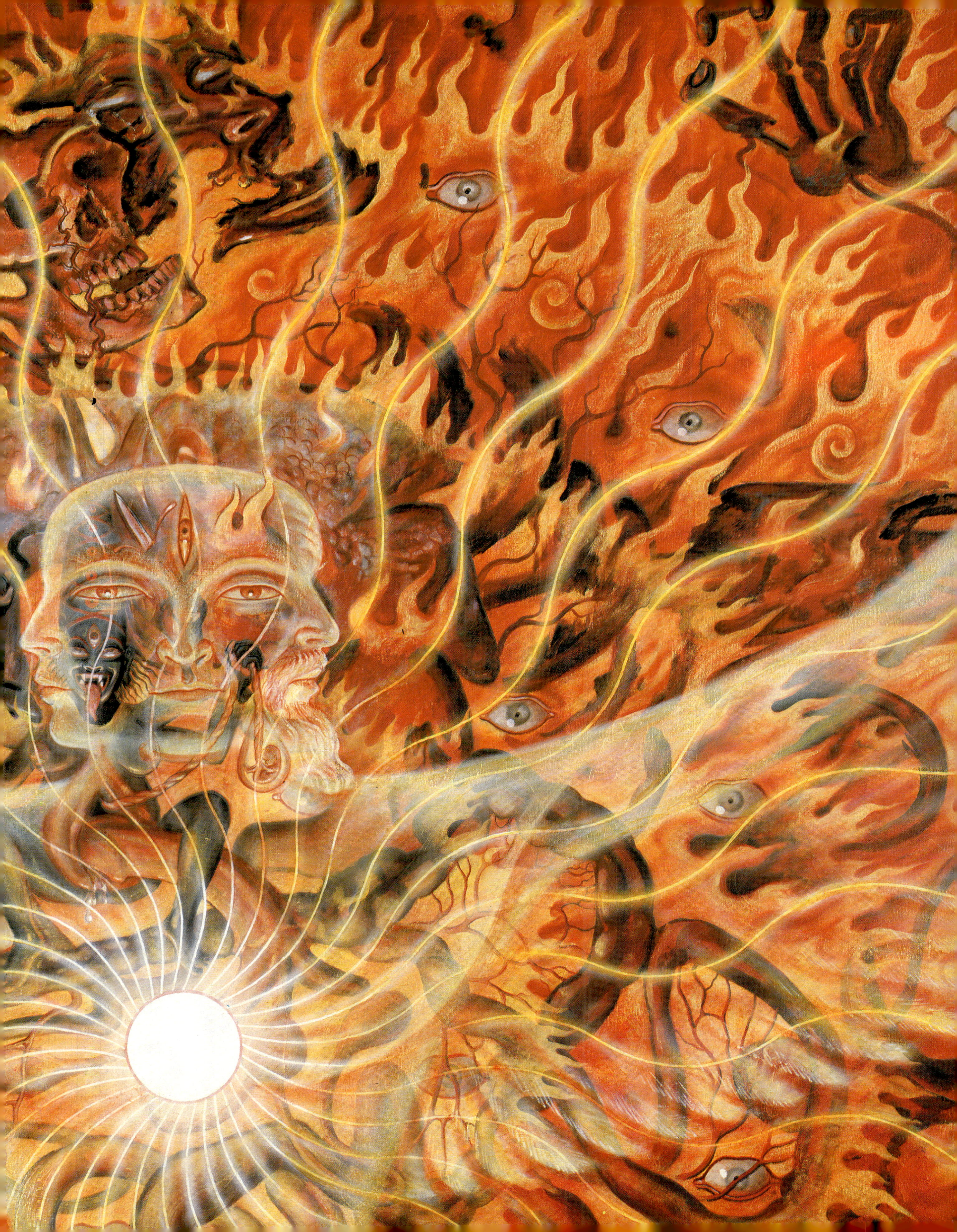

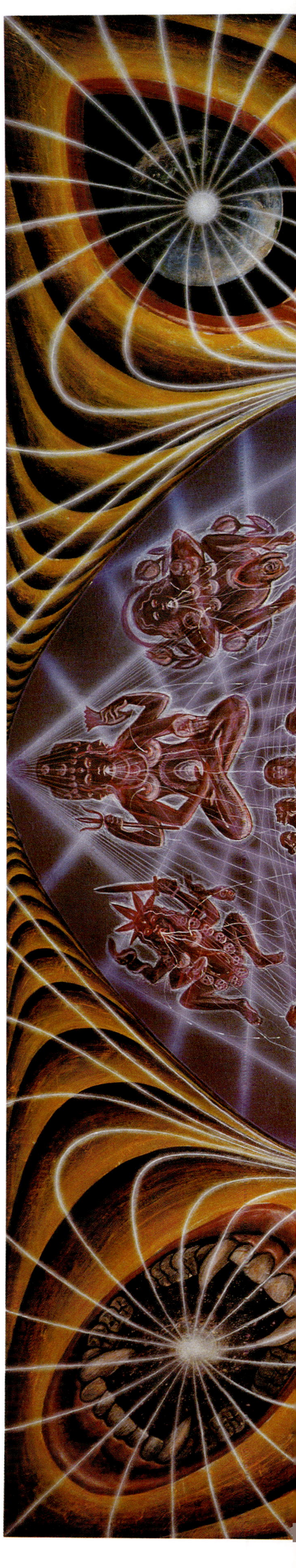

DEIDADES Y DEMONIOS BEBIENDO DE LA PISCINA LACTEA

1987, ACRILICO SOBRE TELA

1.50 x 1.50 mts.

Tuve una visión del alma de la humanidad como si fuera una piscina perfectamente circular de intensa luz vivificadora. En todo el borde de la piscina láctea se llevaba a cabo una compleja variedad de ritos sexuales, metáfora de la interacción social. Las deidades translúcidas hindúes descendían en picada sobre el grupo tomando la energía excesiva de la piscina reluciente y pasando a través del grupo como en éxtasis y dolor. Vi que la razón de que estuviéramos reunidos era proporcionar un festín de energía psíquica a los Dioses y Diosas. Vi mi corazón como el eje de las energías kármica, terrena y universal seccionado y uniendo las polaridades de lo masculino/femenino, nacimiento/muerte, bueno/malo y amor/odio. Para mantener un equilibrio de fuerzas todos engullimos tanto deidades como demonios.

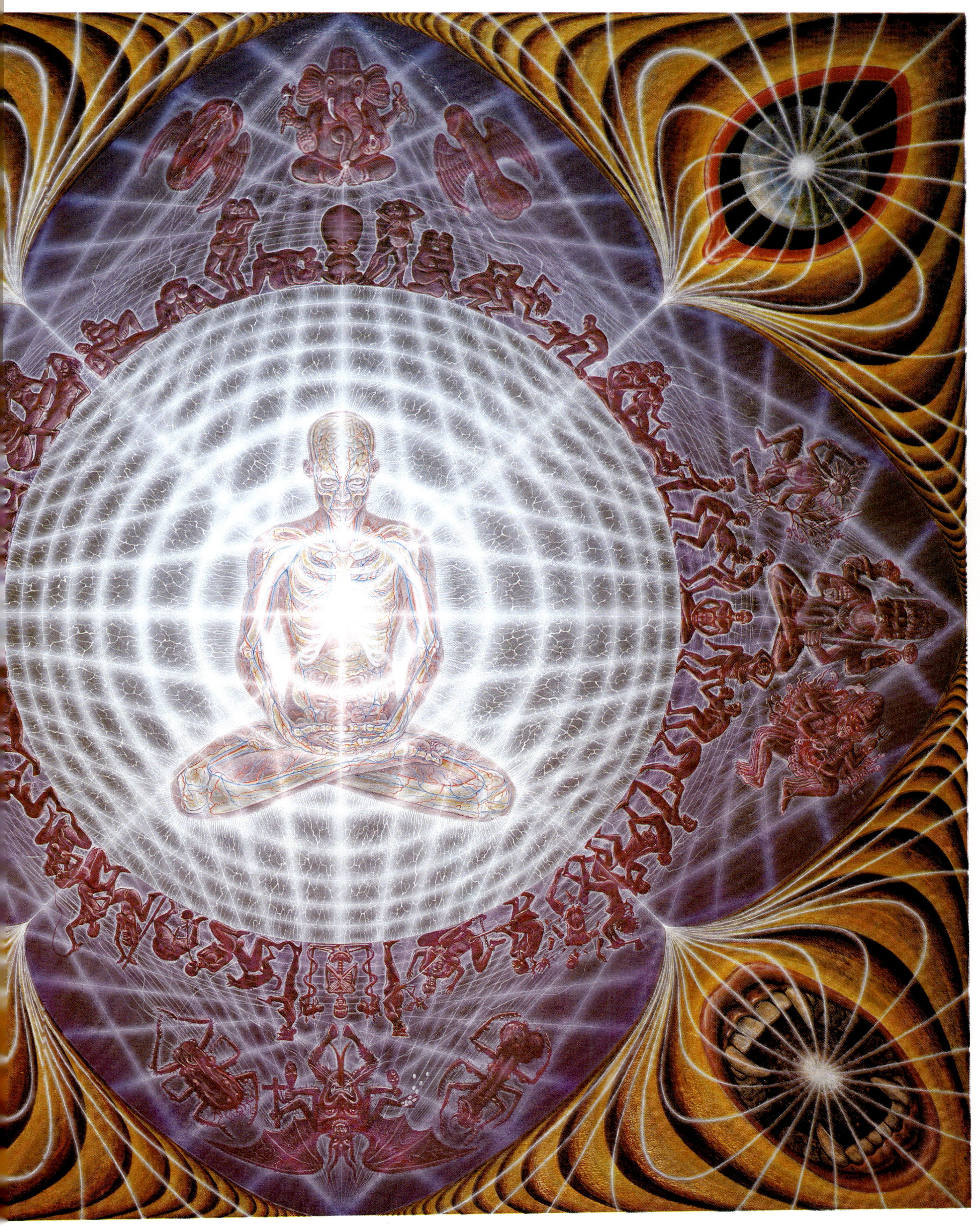

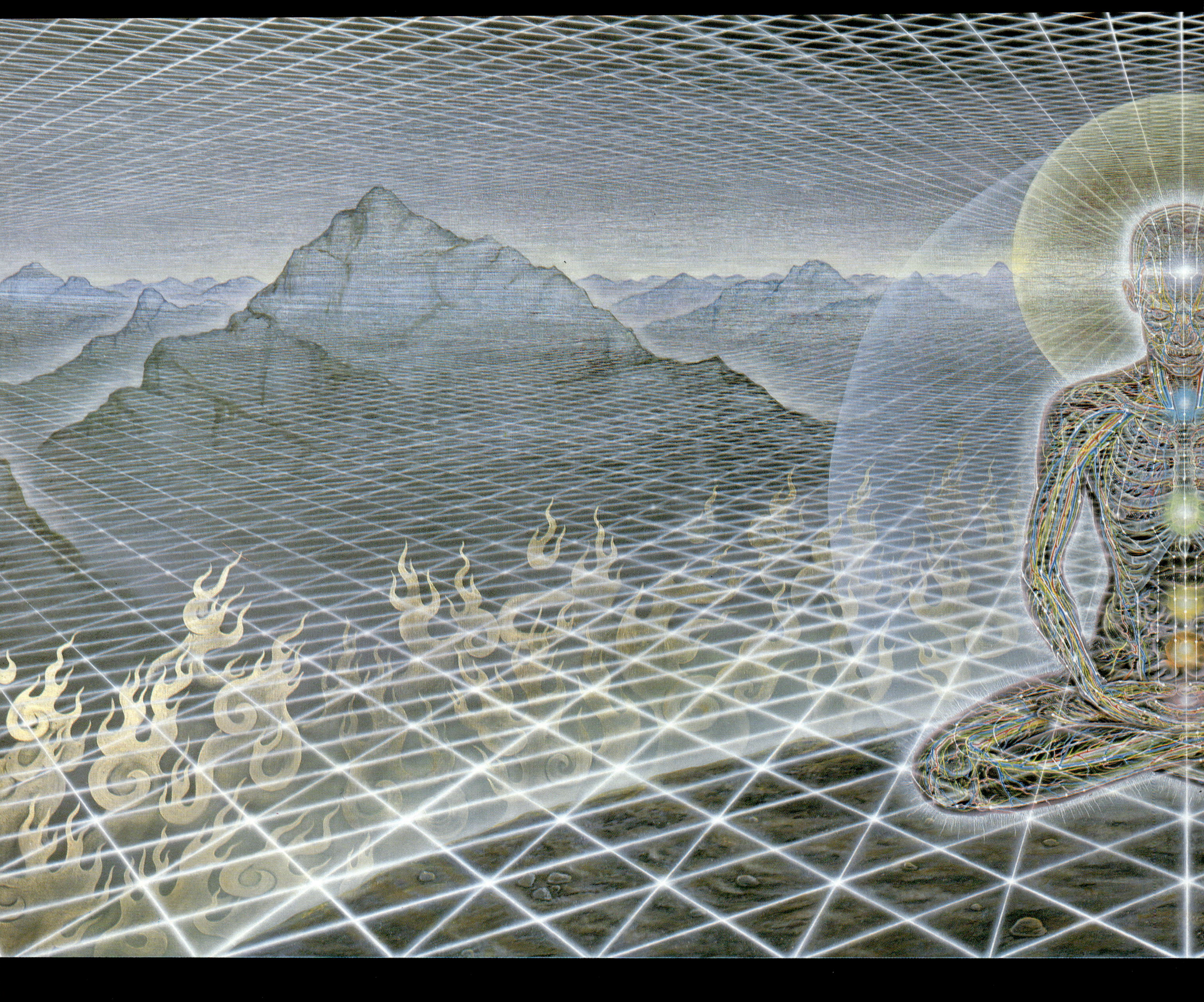

TEOLOGO
1986, ACRILICO SOBRE TELA
1.50 x 4.50 mts.

Durante una meditación profunda entré en un estado en el que todos los sistemas de energía de mi cuerpo estaban completamente alineados y fluyendo; fue en ese estado que tuve la visión Teólogo, la Unión de la Conciencia Humana y Divina Entrelazando la Fábrica del Espacio y el Tiempo en la que el Ser y su Entorno están Corporizados. *En esa oportunidad yo usaba una venda mental que me permitía ver en la oscuridad total. Miraba fijamente un regreso infinito de redes eléctricas en perspectiva que irradiaban de mi cerebro/mente y se dirigían al horizonte. Un fuego*

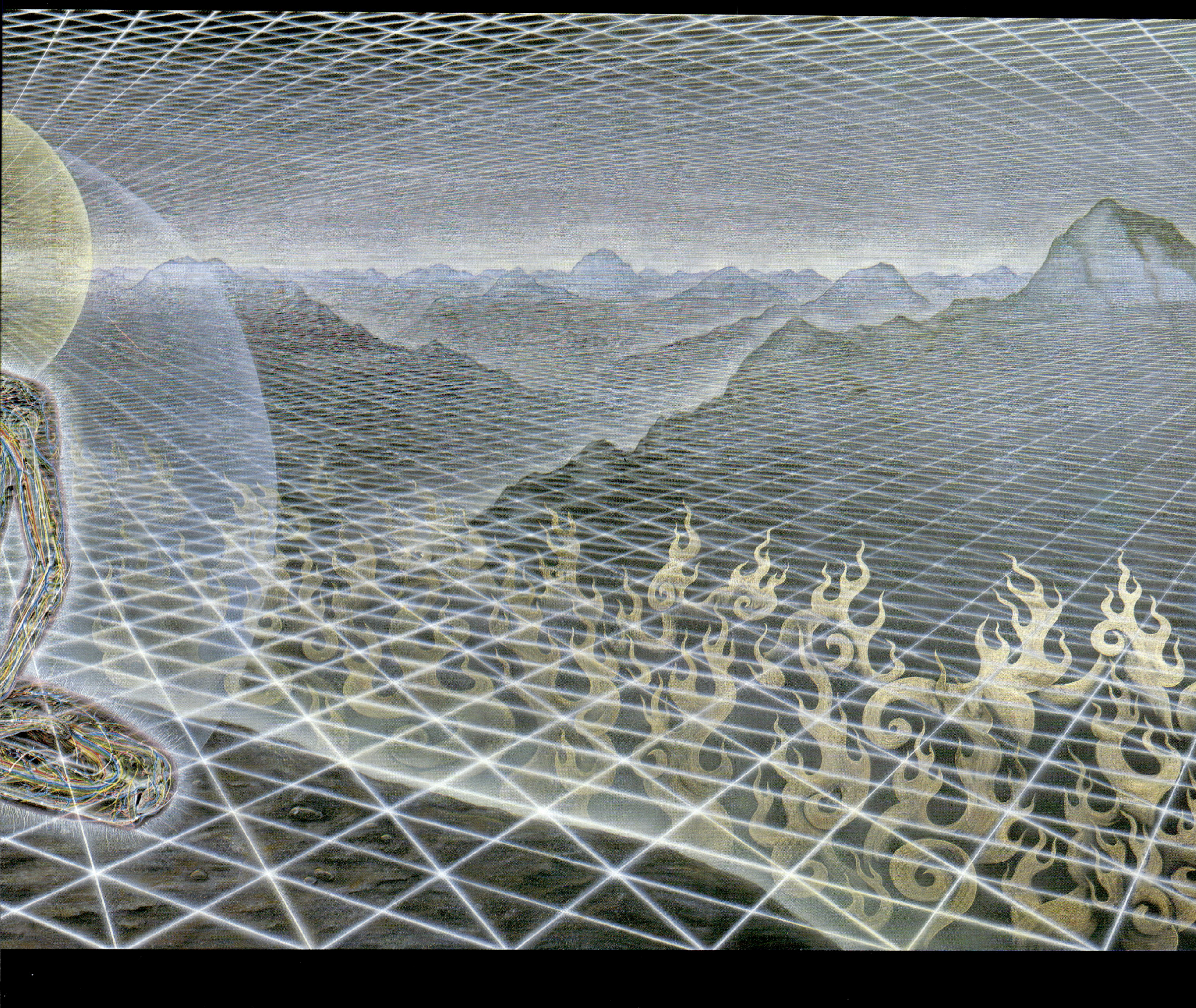

místico me tragaba. A través del horizonte todo lo que podía ver eran líneas en perspectiva yendo hacia la profundidad del espacio. Estaba viendo a un mismo tiempo la red perceptiva de mi mente, en la cual el espacio y el tiempo están entrelazados, y la mente universal, que era la fuente y el telar del entramado. En ese momento aparecieron débilmente las montañas del Himalaya. Transparentes pero presentes formaban un vasto y hermoso panorama, pero inmediatamente después desaparecieron detrás de la red.

NOTAS. EN EL OJO DEL ARTISTA

1. La Gran Cadena del Ser se dice a menudo que consiste en cinco, siete o inlcuso más niveles de ser y conocimiento; mi propio modelo presenta unas dos docenas de niveles ontológicos cuidadosamente definidos. (Ver Wilber, K., *The Atman Project*; Wilber, Engler y Brown, *Transformations of Conciousness*). Para los propósitos de este prefacio, será suficiente la sencilla división en tres niveles, pero se debe tener en cuenta que una teoría de arte basada en la Gran Cadena debe ser mucho más precisa que esos tres niveles.

2-6. Las citas son de *An Art of Our Own,* de Roger Lipsey (Boston: Shambhala Publications, 1988), que recomendé mucho como la mejor introducción a los temas de arte y del espíritu. Ver también *The Spiritual In Art—Abstract Art 1890-1985* (New York: Abbeville Press, 1986).

7. Robert Clements, editor, *Michelangelo: A Self-Portrait* (Englewood Cliffs, New Jersey: Prentice Hall, Inc., 1963), 67.

8-9. Anthony Blunt, *The Art of William Blake* (New York: Columbia University Press, 1959), 23.

10. Jean Delville, *The New Mission of Art: A Study of Idealism in Art* (London: Francis Colmer, 1910).

11-16. Lipsey, *An Art of Our Own* (ver notas 2-6).

NOTAS: HACIA LA LUZ A TRAVES DE LA OSCURIDAD

1. Para una investigación histórica completa de la relación entre la representación de arte y el chamanismo, ver "Art in the Dark", de Thomas McEvilley, en *Artforum*, verano, 1983, o en *Apocalypse Culture*, Amok Press, 1987.
2. Carl Jung, *Memories, Dreams, Reflections* (New York: Vintage Books, 1963), 346.
3. Buddaghosa, *Visuddimagga, The Path of Purification* (Boulder, Colorado: Shambhala Publications, 1976).

NOTAS: LOS ESPEJOS SAGRADOS

1. Pahnke, Walter N. y Richards, William A., "Implications of LSD and Experimental Mysticism", en *Journal of Religion and Health*, No. 5, 1966, 175-208.
2. Ver Green, Elmer y Alyce, *Beyond Biofeedback* (New York: Dell Publishing, 1977), 306-311; Rama, Swami, *First Step Toward Advanced Meditation*, audio cassette, Himalayan International Institute, RDI, Honesdale, Pennsylvania 18431, 1978; Kluver, Heinrich, *Mescal and the Mechanism of Hallucinations* (Chicago: University of Chicago Press, 1966); Crookall, Robert, *The Study and Practice of Astral Projection* (Secaucus, New Jersey: Citadel Press, 1976), 119,122,127,192; Moody, Raymond A. Jr., M.D., *Life After Life* (New York: Bantam Books, 1976), 30-34.
3. Ver Grant, J.C. Boileau, *Grant's Atlas of Anatomy*, 6a. edición (Baltimore: Williams & Wilkins Co., 1972); Montgomery, Royce L., Ph.D., *Basic Anatomy for the Allied Health Professions* (Baltimore-Munich: Urban & Schwarzenberg, 1981); Netter, Frank, M.D., *The Ciba Collection of Medical Illustrations*, Vol. 1-7, (Summit, NJ: Ciba Pharmaceutical Co., 1972-79); Schaeffer, J. Parsons, M.D., editor, *Morris' Human Anatomy*, 10a. edición (Philadelphia: Blakiston C., Schwarzenberg, 1980); y Yokochi, *Color Atlas of Anatomy* (New York: Igaku-Shein Medical Publishers, 1983).
4. Ver Boadella, David, editor, "Energy and Character Magazine", en *Journal of Bio-Energetic Research*, Abbotsbury, England, enero, 1976; Bukay, Michael y Buletza, George F., Jr., Ph.D., "Varieties of Aura Perception". (Oceanside, CA: *The Rosicrucian Digest*, enero 1979, 17-21); Burr, Harold Axton, *Blueprint for Immortality: The Electric Patterns of Life* (London: Neville Spearman, 1972); Hunt, V.V., Massey, W.W., Weinberg, R., Bruyere, R., Hahn, P.M., *Project Report: Study of Structural Integration from Neuromuscular, Energy Field and Emotional Approaches*, (Boulder, Colorado: Rolf Institute of Structural Integration, 1977); Kilner, Walter J., *The Human Aura* (New Hyde Park, New York: University Books, 1977); Leadbeater, C.W., *The Chakras* (Wheaton, Illinois: Theosophical Publishing House, 1974); Leadbeater, C.W., *Man Visible and Invisible* (Wheaton, Illinois: Theosophical Publishing House, 1975); Meek, George, editor, *Healers and the Healing Process* (Wheaton, Illinois: Theosophical Publishing House, 1980); Motoyama, Hiroshi, *Science and the Evolution of Consciousness* (Brookline, Massachusetts: Autumn Press, 1980); Ohsawa, George, *Acupunture and the Philosophy of the Far East* (Boston: Tao Publications, 1973); Reich, Wilhelm, "Discovery of the Orgone" (New York: *International Journal of Sex Economy and Orgone Research*, Vol. 1, 1942); Becker, Robert O. y Seldon, Gary, *The Body Electric, Electromagnetism and the Foundation of Life* (New York: William Morrow, 1985).
5. Ver Dhargyey, Geshe Ngawang, *Kalachakra Initiation* (Madison, Wisconsin: Deer Park, 1981); Govinda, Lama Anagarika, *Foundations of Tibetan Mysticism* (New York: Samuel Weiser, 1977); Trungpa, Chogyam, Rinpoche, *Visual Dharma: The Buddhist Art of Tibet* (Berkeley & London: Shambhala Press, 1975); Reynolds, John M., traductor, *Self-Liberation Through Seeing with Naked Awareness* (Barrytown, New York: Station Hill Press, 1989). Prefacio por Namkhai Norbu.
6. Ver Pagels, Elaine, *The Gnostic Gospels* (New York: Vintage Books, 1981), 70.